WISSEN FÜR DIE PRAXIS

Weiterführend empfehlen wir:

**So viel ist Ihr Haus wert**
ISBN 978-3-8029-4075-0

**Profi-Handbuch Wertermittlung von Immobilien**
ISBN 978-3-8029-3963-1

**Schenken und Erben ohne Finanzamt**
ISBN 978-3-8029-4123-8

**Das gesamte Immobilienrecht**
ISBN 978-3-8029-5295-1



E-Mail: WALHALLA@WALHALLA.de
http://www.WALHALLA.de

Walhalla Fachverlag · Haus an der Eisernen Brücke · 93042 Regensburg
Telefon 0941 5684-0 · Telefax 0941 5684-111

Wilfried Mannek

# Die neue Grundsteuerreform

**Was Eigentümer und Mieter wissen müssen**
**Daten, Fakten, Hinweise, Berechnungsbeispiele sowie die abweichenden Länderregelungen**

*2., aktualisierte Auflage*

WALHALLA Rechtshilfen

**Bibliografische Information der Deutschen Nationalbibliothek**
Die Deutsche Nationalbibliothek verzeichnet diese Publikation in der Deutschen Nationalbibliografie; detaillierte bibliografische Daten sind im Internet über www.dnb.de abrufbar.

Zitiervorschlag:
**Wilfried Mannek,** Die neue Grundsteuerreform
Walhalla Fachverlag, Regensburg 2022




Produktion: Walhalla Fachverlag, 93042 Regensburg
Printed in Germany
ISBN 978-3-8029-4152-8

SBL-SDK-0522-26885-POD

# Schnellübersicht

## Eine Reform für alle

Auch Sie zahlen Grundsteuer für Ihre Wohnung – egal, ob Sie Eigentümer sind oder Sie ein Haus mieten und der Vermieter die Grundsteuer auf Sie umlegt. Auch wenn Sie Gewerbetreibender oder Freiberufler sind, zahlen Sie Grundsteuer für Ihre gewerblich oder freiberuflich genutzte Immobilie. Das wird sich auch künftig nicht ändern.

Ob Sie zu den Gewinnern der Reform gehören, finden Sie mit diesem Ratgeber leicht heraus. Das gilt sowohl für Wohngebäude als auch für gewerblich oder freiberuflich genutzte Immobilien

- Was ändert sich konkret?
- Was verbirgt sich hinter dem „Vereinfachten Ertragswertverfahren"?
- Wann gilt das Sachwertverfahren?
- Wie berechnet sich der Grundsteuerwert im Sachwertverfahren?
- Wie werden Sonderfälle, wie beispielsweise das Erbbaurecht, bewertet?
- Warum ist die Grundstücksart wichtig?
- Wird das Finanzamt eine Erklärung verlangen?
- Gilt in Ihrem Bundesland wegen der Länderöffnungsklausel eine abweichende Regelung?

Der Ratgeber liefert Ihnen Antworten. Erfahren Sie Einzelheiten zu den Berechnungen sowie einige wichtige Hintergrundinformationen zur Reform, um feststellen zu können, ob die Grundsteuer in der richtigen Höhe festgesetzt wird.

*Wilfried Mannek*

## Abkürzungen

| | |
|---|---|
| Abs. | Absatz |
| abzgl. | abzüglich |
| Art. | Artikel |
| Az. | Aktenzeichen |
| BewG | Bewertungsgesetz |
| BGBl. | Bundesgesetzblatt |
| GG | Grundgesetz |
| NHK | Normalherstellungskosten |
| WoFG | Wohnraumförderungsgesetz |
| zzgl. | zuzüglich |

# Die Einheitsbewertung ist verfassungswidrig

## Bundesverfassungsgericht fordert Reform

Die Reform der Grundsteuer war schon lange überfällig. Das liegt an der veralteten Art, wie die Grundsteuer bislang erhoben wird. Maßgebend sind nach bisherigem Recht die sogenannten Einheitswerte, die sich in den alten Bundesländern – auch heute noch – nach den Wertverhältnissen vom 01.01.1964 richten. Das wäre für sich allein noch nicht unbedingt fatal. Denn wenn alle Grundstücke nach denselben veralteten Wertverhältnissen bewertet werden, resultiert daraus noch kein zwingender Verstoß gegen den Gleichheitssatz nach Art. 3 des Grundgesetzes (GG).

Davon müsste jedoch ausgegangen werden, wenn einzelne Wirtschaftsgüter mit dem alten Einheitswert und andere Wirtschaftsgüter mit dem aktuellen Verkehrswert zu bewerten wären. Das ist bei der Grundsteuer nicht der Fall. Hier werden ausschließlich Grundstücke der Grundsteuer unterworfen. Andere Wirtschaftsgüter unterliegen nicht der Grundsteuer.

Anders ist das beispielsweise bei der Erbschaft-/Schenkungsteuer. Hier wird die Bereicherung durch einen Erwerb von Todes wegen oder durch eine Schenkung unter Lebenden besteuert, wobei neben Grundstücken auch andere Wirtschaftsgüter übertragen werden. Bei der Erbschaft-/Schenkungsteuer müssen alle Wirtschaftsgüter mit einer einheitlichen Bemessungsgrundlage bewertet werden.

Deshalb hat das Bundesverfassungsgericht bei der Erbschaft-/Schenkungsteuer bereits 1995 festgestellt, dass es gegen den Gleichheitssatz des Art. 3 GG verstößt, wenn Grundstücke mit den veralteten und niedrigen Einheitswerten und andere Wirtschaftsgüter, zum Beispiel Aktien, mit dem aktuellen Tageskurswert angesetzt werden. Die Einheitswerte gelten daher bei der Erbschaft-/Schenkungsteuer schon lange nicht mehr.

Nun gilt dies auch für die Grundsteuer. Mit dem Urteil vom 18.04.2018 hat es das Bundesverfassungsgericht bei der Grundsteuer abgelehnt, die Einheitswerte nach den Wertverhältnissen vom 01.01.1964 zu verwenden.

**Hinweis:**
Die Urteile des Bundesverfassungsgerichts vom 18.04.2018 (Az. 1 BvL 11/14, 1 BvR 889/12, 1 BvR 639/11, 1 BvL 1/15, 1 BvL 12/14) finden Sie im Bundesgesetzblatt (BGBl.) 2018 Teil I, S. 531.



Im Wesentlichen lassen sich die Kernaussagen des Bundesverfassungsgerichts wie folgt zusammenfassen:

- Die Einheitsbewertung für bebaute Grundstücke ist seit dem 01.01.2002 unvereinbar mit dem Gleichheitssatz des Grundgesetzes. Das Datum hat in der Praxis keine Relevanz, weil die Einheitsbewertung zunächst weiter angewendet werden darf.
- Der Gesetzgeber war verpflichtet, spätestens bis zum 31.12.2019 eine Neuregelung zu treffen. Bis zu diesem Zeitpunkt dürfen die als unvereinbar mit dem Grundgesetz festgestellten Regeln über die Einheitsbewertung weiter angewandt werden.
- Nach Verkündung einer Neuregelung dürfen die beanstandeten Regelungen für weitere fünf Jahre ab der Verkündung, längstens aber bis zum 31.12.2024 angewandt werden. Damit hat die Finanzverwaltung einen zeitlichen Puffer, um die erheblichen Arbeiten vorzubereiten, damit die neue Grundsteuer lückenlos erhoben werden kann.

Mit den engen zeitlichen Vorgaben stand der Gesetzgeber angesichts der bisher sehr kontrovers geführten Diskussionen zeitlich unter erheblichem Druck. Da von der Reform alle Bürgerinnen und Bürger – entweder als Eigentümer oder als Mieter – betroffen sind, muss die Belastungsentscheidung nicht nur überzeugend begründet werden können, sondern auch den verfassungsrechtlichen Anforderungen standhalten.

Die Grundsteuer hat für die kommunalen Haushalte eine enorme Bedeutung. Nach der Gewerbesteuer und dem Gemeindeanteil an der Einkommensteuer stellt die Grundsteuer die drittgrößte Einnahmequelle der Kommunen dar. Das weitgehend stabile

Gesamtaufkommen der Grundsteuer A und B betrug im Jahr 2017 bundesweit rund 14 Milliarden Euro.

**Wichtig:** Für Betriebe der Land- und Forstwirtschaft ist die „Grundsteuer A" zu zahlen. Für Grundstücke des Grundvermögens, wie beispielsweise Einfamilienhäuser, Mietwohngrundstücke oder Geschäftsgrundstücke, ist die „Grundsteuer B" zu zahlen.

> **Hinweis:**
>
> Mit der Reform der Grundsteuer verfolgt der Gesetzgeber keine Veränderung des Grundsteueraufkommens. Das Aufkommen soll somit nicht steigen. Allerdings darf diese Aussage nicht mit „Belastungsneutralität" verwechselt werden. Denn die in der Einheitsbewertung bestehenden Wertverzerrungen müssen beseitigt werden. Somit haben manche Eigentümer bislang zu viel, andere zu wenig Grundsteuer gezahlt.

## Wann ist die neue Erklärung abzugeben?

Die Erklärung zur Feststellung des neuen Grundsteuerwerts können Sie ab dem 01.07.2022 abgeben. Zuvor muss die Finanzverwaltung die programmtechnischen Leistungen fertigstellen, damit die Erklärungen überhaupt entgegengenommen werden können. Ab dem 01.07.2022 haben Sie bis zum 31.10.2022 Zeit, die Erklärung einzureichen.

Grundsätzlich sollen alle Eigentümer die Erklärung online per ELSTER abgeben. In „Härtefällen" ist aber auch eine Papiererklärung möglich. Wenn Sie also beispielsweise keinen Computer besitzen, können Sie nicht dazu verpflichtet werden, die Erklärung online abzugeben. Dazu können Sie einen entsprechenden formlosen Antrag stellen.

Den Zeitraum, in dem alle Eigentümer von Grundstücken Erklärungen abzugeben haben, hat die Finanzverwaltung am 30.03.2022 öffentlich im Bundessteuerblatt bekannt gemacht. Das wird mit einer Berichterstattung durch die Presse begleitet werden.

Anschließend erhalten Sie einen Bescheid über den neuen Grundsteuerwert auf den 01.01.2022. Auf dieser Grundlage wird der davon abhängige Grundsteuermessbetrag veranlagt. Auch für den Grundsteuermessbetrag erhalten Sie einen Bescheid vom Finanzamt. Dieser wird aber erst ab dem 01.01.2025 wirksam. Erst zum 01.01.2025 werden Sie von der Kommune einen Grundsteuerbescheid erhalten, der die Steuer mit den neuen Bemessungsgrundlagen berechnet.

**Fazit:**

Ab dem 01.07.2022 können Sie die Erklärung abgeben. Die dazu erforderlichen Daten sollten Sie möglichst frühzeitig zusammenstellen. Dieser Ratgeber hilft Ihnen dabei.

**Aber:** Falls das Bundesland, in dem Ihr Grundstück liegt, von der Länderöffnungsklausel Gebrauch macht, gilt insoweit ein völlig anderes Grundsteuersystem. Die Finanzverwaltung muss sicherstellen, dass bundesweit alle rund 36 Mio. wirtschaftliche Einheiten rechtzeitig bewertet werden. Das ist eine Mammutaufgabe.

**Zeitstrahl**

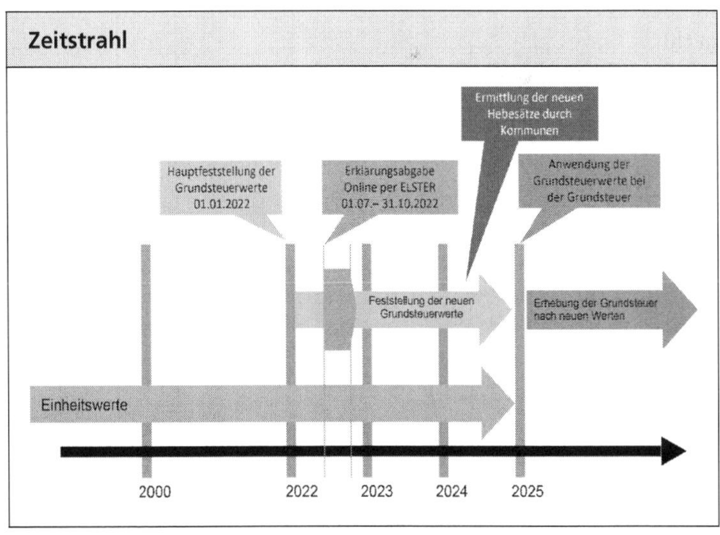

## Diese Anforderungen stellt das Bundesverfassungsgericht

Das Bundesverfassungsgericht hat die Anforderungen beschrieben, an denen sich jede Neuregelung messen lassen muss. Bei der Neuregelung steht dem Gesetzgeber ein weiter Gestaltungsspielraum bei der Bestimmung des Steuergegenstands und des Steuersatzes zur Verfügung. Obwohl das Bundesverfassungsgericht gerade in Massenverfahren einen großen Typisierungs- und Pauschalierungsspielraum hinnimmt, deckt dies aber nicht die Inkaufnahme eines dysfunktionalen Bewertungssystems. Vielmehr muss der Gesetzgeber nicht nur eine Belastungsentscheidung treffen, sondern auch begründen und folgerichtig umsetzen.

Das Bundesverfassungsgericht hat die kurze Frist für den Gesetzgeber insbesondere damit begründet, dass ihn die Notwendigkeit einer Neuregelung nicht unvorbereitet trifft. Denn in jahrzehntelangen Reformbemühungen um die Grundsteuer wurden verschiedene Modelle erörtert und durchgerechnet. In der vergangenen Legislaturperiode wurde mit Unterstützung einer großen Mehrheit der Länder mit dem „Kostenwertmodell" ein konkreter Gesetzentwurf zur Neuregelung der Bewertung des Grundbesitzes in den Bundesrat eingebracht, der allerdings vom Bundestag nicht beraten worden ist.

### Wertverzerrungen sind ursächlich für den Verfassungsverstoß

Im Wesentlichen sind für den Verfassungsvorstoß die Wertverzerrungen verantwortlich, die zwischen den sogenannten Grundstücksarten im Laufe der Jahrzehnte eingetreten sind. So hat sich beispielsweise das Niveau der Verkehrswerte von Einfamilienhäusern zwischen 1964 und heute anders entwickelt als das Verkehrswertniveau von Mietwohngrundstücken, unbebauten Grundstücken oder Geschäftsgrundstücken.

Zudem verlief die Wertentwicklung auch in den verschiedenen Regionen Deutschlands unterschiedlich. Seit 1964 weist zum Beispiel das Ruhrgebiet nicht dieselbe Wertentwicklung auf wie etwa Hamburg oder München.

## Fehlende Wertminderung seit 01.01.1964

Neben den Wertverzerrungen trägt die unzureichende Berücksichtigung des Alters der Gebäude entscheidend dazu bei, dass die Grundsteuer nicht gleichheitsgerecht erhoben werden kann.

**Beispiel:**

Ein Einfamilienhaus wurde im Jahr 1964 errichtet und hat einen (in Euro umgerechneten) Einheitswert von 30.000 Euro.

Ein im Wesentlichen baugleiches Einfamilienhaus in der Nachbarschaft wurde bereits viele Jahre zuvor errichtet. Der Einheitswert für dieses wesentlich ältere Einfamilienhaus beträgt lediglich 22.000 Euro. Ursächlich hierfür ist die Tatsache, dass bei der Ermittlung des Einheitswerts eine Wertminderung zwischen dem Jahr der Bezugsfertigkeit und dem Hauptfeststellungszeitpunkt 01.01.1964 abgezogen werden muss.

Ein Einfamilienhaus, das heute bezugsfertig errichtet wird, hat möglicherweise die gleichen Bewertungsparameter wie Grundstücksgröße und Wohnfläche wie die beiden zuvor genannten Einfamilienhäuser. Demnach beträgt der Einheitswert für das im Jahr 2022 errichtete Einfamilienhaus ebenfalls lediglich 30.000 Euro.

Damit ist klar, dass für ein im Jahr 1964 errichtetes Gebäude derselbe Einheitswert gilt wie für ein im Jahr 2022 baugleiches. Denn für nach dem 01.01.1964 errichtete Gebäude wird keine Alterswertminderung abgezogen.

**Hinweis:**

In der Praxis wird für ein neues Haus mit dem Baujahr 2022 tendenziell ein höherer Einheitswert gelten als für ältere Gebäude. Denn die zwischenzeitlich zwingend einzuhaltenden energetischen und rechtlichen Vorgaben führen dazu, dass aktuell errichtete Gebäude über eine gute Grundausstattung verfügen. Sie sind in keiner Weise baugleich mit einem im Jahr 1964 oder früher errichteten Gebäude. 1964 war beispielsweise die Mehrfach-Isolierverglasung nach heutigem Standard schlicht noch nicht erfunden.

## Besonderheit: Neue Länder

Die Grundsteuer wird in Deutschland seit der Wiedervereinigung vor 30 Jahren in den alten und neuen Ländern nach verschiedenen Regeln erhoben.



Mit der Wiedervereinigung mussten möglichst rasch angeglichene Rechtsverhältnisse in den alten und neuen Ländern geschaffen werden. Die Grundsteuer war insofern besonders problematisch, weil in den neuen Ländern eine allgemeine Bewertung aller Grundstücke zum 01.01.1964 fehlte. Ein derartiges Großprojekt konnte – insbesondere angesichts der Vielzahl weiterer Aufgaben, die im Rahmen der Wiedervereinigung von den neuen Ländern zu meistern waren – nicht ohne Weiteres realisiert werden.

In den neuen Ländern gilt eine sogenannte Ersatzbemessungsgrundlage bzw. die Einheitsbewertung der vorletzten Hauptfeststellung zum 01.01.1935. Dieser provisorisch erscheinende Rechtszustand einer uneinheitlichen Grundsteuerbemessung in einem geeinten Deutschland wurde im Laufe der Jahre hingenommen. Auch 30 Jahre nach der Wiedervereinigung besteht dieser Rechtszustand unverändert.

Trotz der unterschiedlichen Grundsteuererhebung in Deutschland hat das Bundesverfassungsgericht in seiner Entscheidung vom 18.04.2018 nur in den alten Ländern einen Verstoß gegen den Gleichheitssatz des Art. 3 GG beanstandet. Somit sind – streng genommen – nur die Einheitswerte in den alten Ländern nicht mehr für eine Grundsteuererhebung geeignet. Allerdings musste es sich geradezu aufdrängen, dass der Gesetzgeber die Gelegenheit für eine grundlegende Reform der Grundsteuer im gesamten Bundesgebiet genutzt hat.

## Land- und Forstwirtschaft

Das Bundesverfassungsgericht hat zur Einheitsbewertung für die Betriebe der Land- und Forstwirtschaft keine Aussage getroffen. Streng genommen bedeutet das, dass die Grundsteuererhebung für Betriebe der Land- und Forstwirtschaft dem Gleichheitssatz des Art. 3 GG nicht entgegensteht. Diese Vorstellung dürfte jedoch nicht der Realität entsprechen.

Die vorgelegten Streitfälle beim Bundesverfassungsgericht bezogen sich lediglich auf Grundstücke, die zum Grundvermögen
gehörten. Das land- und forstwirtschaftliche Vermögen war also 1
schlicht nicht betroffen. Ferner lagen die Grundstücke ausschließlich in den alten Ländern.

Im Ergebnis wäre es jedoch überraschend, wenn das Bundesverfassungsgericht zur Grundsteuerbemessung bei Grundstücken in den neuen Ländern und bei Betrieben der Land- und Forstwirtschaft eine andere Auffassung vertreten würde. Somit ist es sehr zu begrüßen, dass der Gesetzgeber auch diese Bereiche mit in die Grundsteuerreform einbezogen hat. Er hat insoweit von vornherein für Rechtssicherheit gesorgt.

## Wie funktioniert die Einheitsbewertung?

Bisher erfolgte die Erhebung der Grundsteuer nach den alten Einheitswerten vom 01.01.1964 in einem dreistufigen Verfahren:

| **Grundsteuererhebung bei der Einheitsbewertung** | | | |
|---|---|---|---|
| **Stufe** | **Berechnungsschritte der Grundsteuer** | **Verwaltungsakt** | **Zuständige Stelle** |
| 1 | Bemessungsgrundlage<br>= Einheitswert | Einheitswertbescheid nach den Wertverhältnissen vom 01.01.1964 | Finanzamt |
| 2 | x Grundsteuermesszahl (z. B. 3,1 ‰)<br>= Grundsteuermessbetrag | Grundsteuermessbetragsbescheid | Finanzamt |
| 3 | x Hebesatz<br>= Grundsteuer | Grundsteuerbescheid | Kommune |

Für die beiden ersten Stufen ist das Finanzamt zuständig. Somit erteilte das Finanzamt einen Einheitswertbescheid und einen separaten Grundsteuermessbetragsbescheid. Für die dritte Stufe ist die Kommune zuständig. Diese erteilt den Grundsteuerbescheid, indem sie den Grundsteuermessbetrag mit dem in der Gemeinde festgelegten Hebesatz multipliziert.

1 Das Recht der Kommunen, den Hebesatz bestimmen zu können, ist verfassungsrechtlich garantiert.

### Wie funktioniert die künftige Grundsteuer?

Die Erhebung der Grundsteuer nach dem Bundesmodell erfolgt künftig ebenfalls in einem dreistufigen Verfahren:

| Grundsteuererhebung nach der Reform | | | |
|---|---|---|---|
| **Stufe** | **Berechnungsschritte der Grundsteuer** | **Verwaltungsakt** | **Zuständige Stelle** |
| 1 | Bemessungsgrundlage<br>= Grundsteuerwert | Grundsteuerwert nach den Wertverhältnissen 01.01.2022 | Finanzamt |
| 2 | x Grundsteuermesszahl (0,34 ‰ für Nicht-Wohngrundstücke und 0,31 ‰ für Wohngrundstücke)<br>= Grundsteuermessbetrag | Grundsteuermessbetragsbescheid | Finanzamt |
| 3 | x Hebesatz<br>= Grundsteuer | Grundsteuerbescheid | Kommune |

Für die beiden ersten Stufen ist das Finanzamt zuständig. Somit erteilt das Finanzamt je einen Bescheid über den Grundsteuerwert und den Grundsteuermessbetrag. Für die dritte Stufe ist die Kommune zuständig. Sie erteilt – wie bisher – den Grundsteuerbescheid.

Das Recht zur Bestimmung des Hebesatzes ist unverändert verfassungsrechtlich zugunsten der Kommunen garantiert.

## So wirkt sich die Reform auf Mieten aus

Auch nach der Reform darf der Vermieter die Grundsteuer auf die Mieter umlegen. Das ergibt sich aus der Betriebskostenverordnung, die im Rahmen der Grundsteuerreform nicht geändert wurde.



Im Allgemeinen haben die Mieter dem Vermieter die Nebenkosten als monatliche Vorauszahlungen zu zahlen. Ist allerdings das Abrechnungsjahr vorbei, muss der Vermieter die Nebenkosten mit den Mietern abrechnen und kann dabei nur eine Erstattung der ihm tatsächlich entstandenen Nebenkosten verlangen.

Als Mieter sollten Sie die Nebenkostenabrechnung stets prüfen. Das gilt künftig umso mehr für die Grundsteuer. Denn wenn der Vermieter hier einen falschen Steuerbescheid akzeptieren würde, wäre der Mieter der Leidtragende.

**Hinweis:**

Berechnen Sie den neuen Grundsteuerwert Ihres Mietobjekts. Der Hebesatz der Kommune ist ebenfalls öffentlich zugänglich. Auf diese Weise können Sie mithilfe der Berechnungsbeispiele (vgl. Kapitel 11) prüfen, ob der gegen den Vermieter gerichtete Steuerbescheid zutreffend ist. Falls Sie hier Abweichungen feststellen, müssen Sie den Vermieter auffordern, diese aufzuklären.

Achten Sie bei der Umlegung der Grundsteuer auf die Mieter insbesondere auf diese Punkte:

- Eine wichtige Stellschraube ist die Wohnfläche nach der Wohnflächenverordnung. Der Vermieter muss diese Ihnen als Mieter gegenüber zutreffend ausweisen.
- Als Mieter sollten Sie auch darauf achten, dass beispielsweise die Grundsteuer für eine Garage, die den neuen Grundsteuerwert erhöht, nicht auf Sie umgelegt werden kann, wenn Sie gar keine Garage nutzen dürfen. Wenn Sie eine Wohnung mieten und zu dem Haus auch gewerblich genutzte Flächen gehören, sollten Sie als Mieter nur die Grundsteuerbeträge akzeptieren, die auf die von Ihnen genutzte Wohnfläche

entfällt. Bei den gewerblichen Flächen ist die Nutzfläche maßgebend. Hierzu können beispielsweise auch Kellerräume gehören.

- Lassen Sie sich im Zweifel vom Vermieter nachweisen, ob er bei der Abrechnung der Nebenkosten einen plausiblen Verteilungsschlüssel angewendet hat. Möglicherweise ist im Mietvertrag ein bestimmter Umlagemaßstab vereinbart, der bei der Abrechnung maßgebend sein soll. Fehlt eine derartige Vereinbarung, ist grundsätzlich die Wohnfläche maßgebend.
- Wenn bei der Abrechnung etwas fehlerhaft ist, sprechen Sie zuerst den Vermieter an. Kommen Sie dabei nicht weiter, sollten Sie sich fachkundigen Rat bei einem Anwalt oder einem Mieterverein einholen.

## Vielzahl von Möglichkeiten einer Reform der Grundsteuer

### Rechtfertigung der Steuer

Der Staat kann Steuer nicht einfach deshalb von den Bürgerinnen und Bürgern verlangen, weil er Einnahmen braucht, sondern es bedarf für die Erhebung von Steuern einer Rechtfertigung. Dennoch wird selten in der Öffentlichkeit ausgiebig über die Rechtfertigung einer Steuer diskutiert. Das liegt zweifellos daran, dass viele Steuerarten seit vielen Jahren existieren, so dass eine Diskussion über den Rechtfertigungsgrund müßig erscheint.

### Leistungsfähigkeitsprinzip

Die Grundsteuer wird seit vielen Jahren wertabhängig erhoben. Die Rechtfertigung der Wertabhängigkeit wird im Allgemeinen in der Leistungsfähigkeit gesehen, die dem Wert des Grundstücks innewohnt.

Die Diskussion über die Rechtfertigung der Grundsteuer ist jedoch im Rahmen der Reform intensiv neu entbrannt. Mit ausführlich dargelegten Gründen haben sich Befürworter der Länderöffnungsklausel zum Teil für eine andere Rechtfertigung ausgesprochen: für das sogenannte Äquivalenzprinzip.

### Äquivalenzprinzip

Die Rechtfertigung der Grundsteuer durch das Äquivalenzprinzip ist neu, die verfassungsrechtliche Tauglichkeit ist daher nicht erprobt. Es bestehen keine Erfahrungen, wie das Bundesverfassungsgericht oder die Länderverfassungsgerichte sich zu diesem Ansatz verhalten werden.

Unter Berücksichtigung des Gleichheitssatzes von Art. 3 GG wird letztlich zu würdigen sein, ob eine „definierte" Gleichbehandlung – entsprechend der vom Gesetzgeber dargelegten Rechtfertigung – oder eine „allgemein empfundene" Gleichheit bei einer künftigen eventuellen verfassungsrechtlichen Überprüfung ausschlaggebend sein wird.

## Bisherige Regelungen

Die Bemessungsgrundlage der Grundsteuer knüpft bis einschließlich 2024 an die Einheitswerte an. Der Gesetzgeber verfolgte damit ursprünglich ein Konzept einer mehrfachen Verwendung der Bewertungsgrundlagen für verschiedene Steuern durch turnusmäßige Neubewertungen des Grundbesitzes (Hauptfeststellungen). Der nach § 21 Abs. 1 BewG normierte Turnus von sechs Jahren für eine neue Hauptfeststellung wurde jedoch ausgesetzt. Infolgedessen liegen den Einheitswerten in den alten Ländern weiterhin die Wertverhältnisse der letzten Hauptfeststellung zum 01.01.1964 zugrunde.

Für Grundstücke in den neuen Ländern gelten bis einschließlich 2024 die Einheitswerte, die nach den Wertverhältnissen zum 01.01.1935 festgestellt sind oder noch festgestellt werden. Daneben kommt für Mietwohngrundstücke und Einfamilienhäuser, für die ein im Veranlagungszeitpunkt für die Grundsteuer maßgebender Einheitswert 1935 nicht festgestellt wurde oder festzustellen ist, eine Ersatzbemessungsgrundlage zur Anwendung.

# Reform der Grundsteuer nach dem Bundesmodell

## Umfang des Grundvermögens

### Wirtschaftliche Einheit

Grundsteuer wird für eine „wirtschaftliche Einheit" des Grundvermögens festgesetzt. Deshalb muss zunächst bestimmt werden, was eine wirtschaftliche Einheit ist. Der Gesetzgeber nennt die wirtschaftliche Einheit „Grundstück" – egal, ob es bebaut oder unbebaut ist.

2

Der Begriff der wirtschaftlichen Einheit ist im Allgemeinen unproblematisch. Wenn Sie beispielsweise ein Einfamilienhaus besitzen, bildet es die wirtschaftliche Einheit, die zu bewerten und für die Grundsteuer festzusetzen ist. Zum Einfamilienhaus und somit zur wirtschaftlichen Einheit gehört alles, was Sie bei einem Verkauf üblicherweise zusammen mit dem Einfamilienhaus verkaufen.

Gehört zum Einfamilienhaus beispielsweise eine kleine angrenzende Fläche von wenigen Quadratmetern, die nicht gesondert bebaut oder verkauft werden kann, bildet es zusammen mit dem Einfamilienhaus eine einzige wirtschaftliche Einheit. Das gilt auch dann, wenn das Katasteramt eine eigene Flurstücksnummer vergibt.

Der Umfang der wirtschaftlichen Einheit beantwortet also auch die Frage, was genau bewertet werden soll.

**Hinweis:**

Sie können davon ausgehen, dass die künftig vom Finanzamt zu bestimmende wirtschaftliche Einheit mit der Entscheidung übereinstimmt, die bereits im Rahmen der Einheitsbewertung nach den Wertverhältnissen vom 01.01.1964 festgelegt wurde.

Allerdings ist zu beachten, dass ein Anteil des Eigentümers eines Grundstücks an anderem Grundvermögen in die wirtschaftliche Einheit Grundstück einzubeziehen ist, wenn der Anteil zusammen mit dem Grundstück genutzt wird. Hierbei handelt es sich zum Beispiel um gemeinschaftliche Hofflächen oder Garagen, die zusammen mit einem Einfamilienhaus genutzt werden.

Als Grundstück und damit als wirtschaftliche Einheit gelten aufgrund der gesetzlichen Vorgabe auch:

- das Erbbaurecht zusammen mit dem Erbbaurechtsgrundstück
- ein Gebäude auf fremdem Grund und Boden zusammen mit dem dazugehörenden Grund und Boden
- jedes Wohnungseigentum und Teileigentum nach dem Wohnungseigentumsgesetz
- beim Wohnungserbbaurecht und beim Teilerbbaurecht das Erbbaurecht zusammen mit dem belasteten Grund und Boden



**Wichtig:** Grundsteuerwerte werden nur für inländischen Grundbesitz festgestellt. Für ausländische Grundstücke ist keine Grundsteuer zu entrichten.

Zusätzlich hängt die konkrete Bewertung von der Zugehörigkeit zu einer der beiden gesetzlich vorgegebenen Vermögensarten ab. Das Bewertungsgesetz unterscheidet insoweit zwei Vermögensarten:

- Land- und forstwirtschaftliches Vermögen
- Grundvermögen

## Land- und forstwirtschaftliches Vermögen

Die wirtschaftliche Einheit des land- und forstwirtschaftlichen Vermögens nennt der Gesetzgeber „Betrieb der Land- und Forstwirtschaft".

Zum Betrieb der Land- und Forstwirtschaft gehört der klassische Bauernhof mit Scheunen, Wirtschaftsgebäuden und Ställen einschließlich der dazu gehörenden Ländereien.

Die Wohnung des Betriebsinhabers gehört nach der Grundsteuerreform nicht mehr zum land- und forstwirtschaftlichen Vermögen. Der Grund: Die modernen Bewirtschaftungsformen erfordern keine ständige Anwesenheit des Betriebsinhabers. Deshalb gehört die Wohnung des Landwirts zum Grundvermögen. Die Folge: Künftig ist für die Wohnung des Betriebsinhabers die – höhere – Grundsteuer B zu entrichten.

Der Begriff der wirtschaftlichen Einheit soll mit folgenden typischen Beispielen veranschaulicht werden:



**Beispiel 1:**

Sie sind Eigentümer eines Einfamilienhauses. Das Haus steht auf dem Flurstück Nr. 78. Ihnen gehört ebenfalls ein angrenzendes Flurstück mit der Nr. 79, das größenmäßig von untergeordneter Bedeutung ist und direkt an Ihr Einfamilienhausgrundstück angrenzt.

Beide Flurstücke bilden eine wirtschaftliche Einheit im Sinne des Bewertungsgesetzes. In der Praxis werden die beiden Flurstücke regelmäßig auf einem Grundbuchblatt eingetragen, so dass der bewertungsrechtliche Begriff der wirtschaftlichen Einheit – in diesem Fall – identisch ist mit dem zivilrechtlichen Grundstücksbegriff.

**Beispiel 2:**

An einer Straße befinden sich mehrere nebeneinander liegende Einfamilienhausgrundstücke, die in freistehender Bauweise errichtet worden sind. Sie sind Eigentümer eines Einfamilienhauses sowie eines angrenzenden Flurstücks. Das angrenzende Flurstück ist nicht bebaut, laut Bebauungsplan aber ebenfalls zur Errichtung eines freistehenden Einfamilienhauses vorgesehen. Sie nutzen die unbebaute Fläche als Garten für Ihr Einfamilienhaus, so dass Sie über ein insgesamt großes Areal verfügen.

Obwohl Sie beide Flurstücke gemeinschaftlich nutzen, liegen zwei wirtschaftliche Einheiten im Sinne des Bewertungsgesetzes vor. Es handelt sich hierbei um eine klassische Baulücke. Nach den Anschauungen des Verkehrs können Sie die unbebaute Fläche jederzeit veräußern und mit einem selbstständigen Einfamilienhaus bebauen.

**Beispiel 3:**

An einer Straße liegen mehrere nebeneinander errichtete freistehende Einfamilienhäuser. Auf der gegenüberliegenden Straßenseite Ihres Einfamilienhauses haben Sie eine kleine Fläche erworben, die Sie als Garten gemeinsam mit Ihrem Einfamilienhaus nutzen.

Es handelt sich um zwei wirtschaftliche Einheiten: Auf der einen Seite ist Ihr Einfamilienhausgrundstück, auf der anderen Straßenseite Ihr unbebautes Grundstück zu bewerten. Obwohl Sie beide Grundstücke gemeinsam nutzen, liegen zwei wirtschaftliche Einheiten vor. Denn die Verkehrsauffassung sieht auf unterschiedlichen Straßenseiten liegende Grundstücke nicht als eine wirtschaftliche Einheit an.



**Beispiel 4:**

An einer Straße befindet sich Ihr Einfamilienhausgrundstück. Auf der gegenüberliegenden Seite haben Sie eine zusätzliche Fläche erworben und dort eine Garage errichtet, die Sie gemeinsam mit Ihrem Einfamilienhaus nutzen.

Es liegt eine wirtschaftliche Einheit vor, obwohl das Garagengrundstück auf der gegenüberliegenden Straßenseite liegt. Nach Anschauung des Verkehrs gehört zu einem Einfamilienhausgrundstück eine Garage. Diese muss nicht zwingend auf demselben Flurstück liegen.

In der Praxis kann fraglich sein, wie groß die Entfernung zum Einfamilienhausgrundstück sein darf, damit die Anschauung des Verkehrs von einer wirtschaftlichen Einheit ausgeht. Dies wird in der Großstadt eine größere Entfernung sein als auf dem Land.

**Beispiel 5:**

Auf einem Flurstück befindet sich ein Gebäude mit sechs Wohnungen.

Es handelt sich um eine wirtschaftliche Einheit mit sechs Wohnungen, die der Grundstücksart „Mietwohngrundstück“ zuzuordnen ist.

2

**Beispiel 6:**

Auf einem Flurstück steht ein Gebäude mit sechs Wohnungen, die in Wohnungseigentumsrechte aufgeteilt worden sind. Hierfür wurden sechs verschiedene Wohnungseigentumsgrundbuchblätter angelegt.

Obwohl sich das Gebäude auf nur einem Flurstück befindet, liegen bewertungsrechtlich sechs verschiedene wirtschaftliche Einheiten vor. Jede einzelne Eigentumswohnung gilt nach Verkehrsauffassung als eine wirtschaftliche Einheit, die sofort veräußert werden kann.

Im Gegensatz zum Mietwohngrundstück, das nur eine wirtschaftliche Einheit darstellt, kommt es bei Eigentumswohnungen auf die tatsächliche Eintragung im Wohnungsgrundbuch an. Die bei Mietwohngrundstücken – lediglich abstrakt – bestehende Möglichkeit, jederzeit eine Teilungserklärung abzugeben und dafür zu sorgen, dass sechs einzelne Eigentumswohnungen entstehen, reicht für die Annahme von einzelnen wirtschaftlichen Einheiten noch nicht aus.

## Grundstücksarten

Sie können den Grundsteuerwert nur ermitteln, wenn Sie die wirtschaftliche Einheit zunächst einer sogenannten Grundstücksart zuordnen. Von der Grundstücksart hängt anschließend ab, in welchem Bewertungsverfahren Sie das Grundstück zu bewerten haben. Das ist bei bebauten Grundstücken entweder das vereinfachte Ertragswertverfahren oder das Sachwertverfahren.

Die Grundstücksarten sind gesetzlich vorgegeben. Es gelten folgende Grundstücksarten:

- Einfamilienhäuser
- Zweifamilienhäuser
- Mietwohngrundstücke
- Wohnungseigentum

- Teileigentum
- Geschäftsgrundstücke
- gemischt genutzte Grundstücke
- sonstige bebaute Grundstücke

**Wichtig:** Die Grundstücksart gehört zum Gegenstand der förmlichen Feststellung. Sie hat Grundlagencharakter. Das bedeutet, Sie müssen die Grundstücksart sofort prüfen und den Feststellungsbescheid möglicherweise gegenüber dem Finanzamt mit einem Einspruch anfechten. Wenn Sie erst gegen den Folgebescheid, also den Grundsteuerbescheid vorgehen, ist es zu spät. Dann können Sie einen Antrag auf Artfortschreibung stellen.



**Praxis-Tipp:**

Von der Grundstücksart hängt das Bewertungsverfahren ab. Die Feststellung der Grundstücksart ist also bedeutsam für das Bewertungsverfahren und im Ergebnis auch für die Höhe des festzustellen Grundsteuerwerts sowie der davon abhängigen Grundsteuer.

### Definitionen der Grundstücksarten

Die Grundstücksarten sind wie folgt definiert:

- Einfamilienhäuser sind Wohngrundstücke, die eine Wohnung enthalten und kein Wohnungseigentum sind. Ein Grundstück gilt auch dann als Einfamilienhaus, wenn es zu weniger als 50 Prozent der Wohn- und Nutzfläche zu anderen als Wohnzwecken mitbenutzt und dadurch die Eigenart als Einfamilienhaus nicht wesentlich beeinträchtigt wird.
- Zweifamilienhäuser sind Wohngrundstücke, die zwei Wohnungen enthalten und kein Wohnungseigentum sind. Ein Grundstück gilt auch dann als Zweifamilienhaus, wenn es zu weniger als 50 Prozent der Wohn- und Nutzfläche zu anderen als Wohnzwecken mitbenutzt und dadurch die Eigenart als Zweifamilienhaus nicht wesentlich beeinträchtigt wird.

- Mietwohngrundstücke sind Grundstücke, die zu mehr als 80 Prozent der Wohn- und Nutzfläche Wohnzwecken dienen, und nicht Ein- und Zweifamilienhäuser oder Wohnungseigentum sind.
- Wohnungseigentum ist das Sondereigentum an einer Wohnung in Verbindung mit dem Miteigentumsanteil an dem gemeinschaftlichen Eigentum, zu dem es gehört.
- Teileigentum ist das Sondereigentum an nicht zu Wohnzwecken dienenden Räumen eines Gebäudes in Verbindung mit dem Miteigentum an dem gemeinschaftlichen Eigentum, zu dem es gehört.
- Geschäftsgrundstücke sind Grundstücke, die zu mehr als 80 Prozent der Wohn- und Nutzfläche eigenen oder fremden betrieblichen oder öffentlichen Zwecken dienen und nicht Teileigentum sind.
- Gemischt genutzte Grundstücke sind Grundstücke, die teils Wohnzwecken, teils eigenen oder fremden betrieblichen oder öffentlichen Zwecken dienen und nicht Ein- und Zweifamilienhäuser, Mietwohngrundstücke, Wohnungseigentum, Teileigentum oder Geschäftsgrundstücke sind.

**Beispiel:**

Zu den gemischt genutzten Grundstücken gehört ein Mehrfamilienhaus, das auch Laden- und Gewerberäume enthält und zu mehr als 20 Prozent, aber weniger als 80 Prozent nach der Wohn- und Nutzfläche betrieblichen oder öffentlichen Zwecken dient.

- Sonstige bebaute Grundstücke sind solche Grundstücke, die nicht unter die vorgenannten Definitionen fallen.

**Beispiel:**

Zu den sonstigen bebauten Grundstücken zählen insbesondere Gebäude, die nicht betrieblich und nicht zu Wohnzwecken genutzt werden, wie beispielsweise private Bootshäuser.

## Wann bilden Wohnräume eine „Wohnung"?

Eine Wohnung ist in der Regel die Zusammenfassung mehrerer Räume, die in ihrer Gesamtheit so beschaffen sein müssen, dass die Führung eines selbstständigen Haushalts möglich ist. Die Zusammenfassung der Räume muss eine von anderen Wohnungen oder Räumen, insbesondere Wohnräumen, baulich getrennte, in sich abgeschlossene Wohneinheit bilden und einen selbstständigen Zugang haben. Daneben ist erforderlich, dass die für die Führung eines selbstständigen Haushalts notwendigen Nebenräume (Küche, Bad oder Dusche, Toilette) vorhanden sind. Die Wohnfläche soll mindestens 20 Quadratmeter betragen.



**Hinweis:**

Die Definition des Wohnungsbegriffs stimmt im Wesentlichen mit der Definition für Zwecke der Erbschaft-/Schenkungsteuer überein, die bei der Grundbesitzbewertung für Zwecke der Erbschaft-/Schenkungsteuer gilt. Allerdings gilt bei der Grundsteuer eine abweichende Wohnungsgröße von 20 Quadratmetern. Das ist nachteilig für den Steuerzahler, da Wohnungen stets steuerpflichtig sind und keine Steuerbefreiung erhalten können. Bei der Grundbesitzbewertung gilt eine Mindestgröße von 23 Quadratmetern.

**Beispiel: Steuerberaterpraxis**

Sie haben Ihr Einfamilienhaus an einen Steuerberater vermietet, der es ausschließlich für seine Praxis nutzt. Baulich ist das Gebäude als Einfamilienhaus konzipiert. Da es sich aufgrund der Nutzung nicht um ein „**Wohn**grundstück" handelt, ist das Grundstück in die Grundstücksart „Geschäftsgrundstück" einzuordnen, so dass wegen der freiberuflichen Nutzung eine Bewertung im Sachwertverfahren erfolgt.

**Beispiel: Aufwendig gebaute Villa**

Ein aufwendig gebautes Villengebäude mit Wohnungen für Hausbedienstete ist bei mehr als zwei Wohnungen als Mietwohngrundstück im Ertragswertverfahren zu bewerten. In der Praxis der Grundstücks-Sachverständigen handelt es sich dagegen um ein Gebäude, das normalerweise im Sachwertverfahren zu bewerten ist.



## Abgrenzung der Bewertungsverfahren

Der Grundsteuerwert bebauter Grundstücke ist nach dem Ertragswertverfahren oder dem Sachwertverfahren zu ermitteln. Die Zuordnung richtet sich nach folgendem Schema:

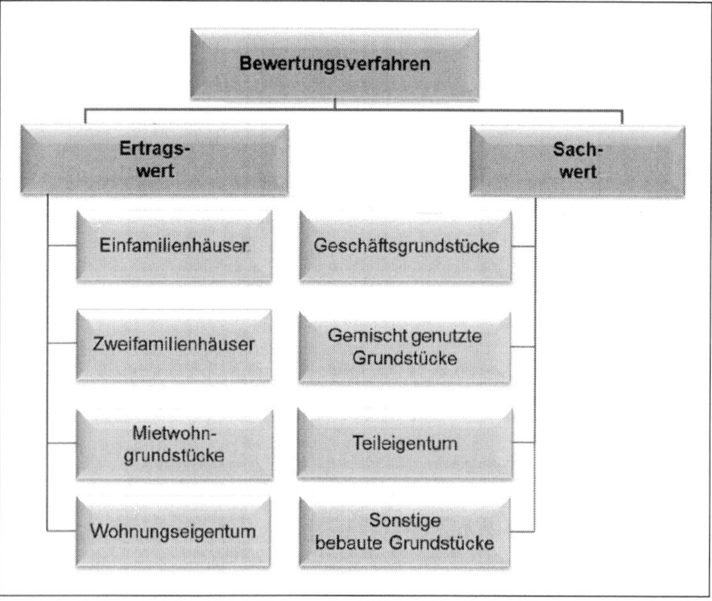

Im **Ertragswertverfahren** sind somit zu bewerten:

- Einfamilienhäuser
- Zweifamilienhäuser
- Mietwohngrundstücke
- Wohnungseigentum

Im **Sachwertverfahren** sind somit zu bewerten:

- Geschäftsgrundstücke
- gemischt genutzte Grundstücke
- Teileigentum
- sonstige bebaute Grundstücke



Demzufolge sind nach derzeitigen Schätzungen bundesweit ca. 24 Millionen von insgesamt 36 Millionen wirtschaftlichen Einheiten im Ertragswertverfahren zu bewerten. Das ist der Großteil der Grundstücke.

Bei einem Ertragswertverfahren steht der Ertrag der Immobilie für die Werteinschätzung im Vordergrund. Bei einer genauen Werteinschätzung ist regelmäßig ein Sachverständigengutachten erforderlich. Das wäre bei einer steuerlichen Massenbewertung kaum zu leisten.

Deshalb typisiert und pauschaliert der Gesetzgeber das Bewertungsverfahren für Zwecke der Grundsteuer. Dadurch können die Bewertungsarbeiten für den Großteil der Fälle anwenderfreundlich ausgestaltet werden. Das ist auch von den Vorgaben des Bundesverfassungsgerichts gedeckt. Allerdings gibt es eine Grenze: Die Ergebnisse der Grundstücksbewertung müssen die Wertrelationen der Grundstücke realitätsgerecht abbilden.

**Wichtig:** Das Ertragswertverfahren gilt für Wohngrundstücke. Das Sachwertverfahren gilt für Nichtwohngrundstücke.

Das Sachwertverfahren wird für diejenigen bebauten Grundstücke angewendet, bei denen es zum einen für die Werteinschätzung am Grundstücksmarkt nicht in erster Linie auf den Ertrag ankommt. Hier sind im gewöhnlichen Geschäftsverkehr häufig die Herstellungskosten wertbestimmend. Zudem existieren bei manchen Immobilien keine statistisch ermittelbaren durchschnittlichen Erträge.

## Unbebaute Grundstücke im Bundesmodell



3

## Begriff der unbebauten Grundstücke

Auf den ersten Blick scheint es etwas übertrieben, wenn der Gesetzgeber den Begriff des unbebauten Grundstücks definiert. Bei näherer Betrachtung ist das jedoch wichtig.

**Definition: Unbebaute Grundstücke**

Grundstücke sind unbebaut, wenn sich auf ihnen keine benutzbaren Gebäude befinden.

3

Das bedeutet, sobald ein benutzbares Gebäude vorhanden ist, handelt es sich nicht mehr um ein unbebautes Grundstück.

**Beispiel:**

- Ein Grundstück ist mit einer Garage bebaut. Eine Garage ist ein Gebäude. Deshalb ist das Grundstück nicht unbebaut, sondern bebaut und nach den Regeln für bebaute Grundstücke zu bewerten.
- Auf einem Grundstück ist eine Windkraftanlage errichtet worden. Der Turm einer Windkraftanlage wird von der Finanzverwaltung nicht als Gebäude, sondern als Betriebsvorrichtung angesehen, weil der Turm allenfalls für einen vorübergehenden Aufenthalt von Menschen geeignet ist. Somit ist das Grundstück als unbebautes Grundstück zu bewerten. Für die Windkraftanlage selbst ist keine Grundsteuer zu entrichten, weil sie mit einer Maschine vergleichbar ist.

Die Benutzbarkeit eines Gebäudes beginnt im Zeitpunkt der Bezugsfertigkeit. Gebäude sind als bezugsfertig anzusehen, wenn den zukünftigen Bewohnern oder sonstigen Benutzern zugemutet werden kann, sie zu benutzen. Die Rechtsprechung stellt insoweit strenge Anforderungen an die Zumutbarkeit. Jedenfalls ist die Abnahme durch die Bauaufsichtsbehörde nicht entscheidend.

**Beispiel:**

Bei einem fast fertiggestellten Einfamilienhaus fehlt der Estrich im Gäste-WC. Ferner sind Türen und Türzargen noch nicht eingebaut.

Nach der Rechtsprechung des Bundesfinanzhofs ist das Grundstück zu diesem Zeitpunkt noch unbebaut, weil eine Nutzung nicht zugemutet werden kann.



Sofern sich auf dem Grundstück Gebäude befinden, die auf Dauer keiner Nutzung zugeführt werden können, gilt das Grundstück ebenfalls als unbebaut. Sofern infolge der Zerstörung oder des Verfalls der Gebäude auf Dauer kein benutzbarer Raum mehr vorhanden ist, gilt das Grundstück ebenfalls als unbebaut.

## Wertermittlung für unbebaute Grundstücke

Die Bewertung unbebauter Grundstücke richtet sich nach folgendem Schema:

Bodenrichtwert lt. Gutachterausschuss

x Fläche des Grundstücks

= Grundstückswert

Der Grundsteuerwert unbebauter Grundstücke ermittelt sich somit regelmäßig durch Multiplikation ihrer Fläche mit dem jeweiligen Bodenrichtwert.

## Grundstücksfläche

Das maßgebende Kriterium der Grundstücksfläche dürfte in der Praxis unproblematisch sein. Sie kennen die Grundstücksfläche aus den Katasterunterlagen. Die Grundstücksgröße ist regelmäßig im Grundbuch übernommen worden.

**Definition: Bodenrichtwert**

Der Bodenrichtwert ist der durchschnittliche Lagewert des Bodens für eine Mehrheit von Grundstücken innerhalb eines abgegrenzten Gebiets (Bodenrichtwertzone), die nach ihren Grundstücksmerkmalen weitgehend übereinstimmen und für die im Wesentlichen gleiche allgemeine Wertverhältnisse vorliegen. In bebauten Gebieten sind die Bodenrichtwerte mit dem Wert zu ermitteln, der sich ergeben würde, wenn der Boden unbebaut wäre.



## Verwendung der Bodenrichtwerte

Die Bodenrichtwerte nutzt die Finanzverwaltung bereits seit vielen Jahren für verschiedene Bewertungsaufgaben. Die Bodenrichtwerte gelten beispielsweise bei der Grundbesitzbewertung für Zwecke der Erbschaft- und Schenkungsteuer sowie der Grunderwerbsteuer und bei ertragsteuerrechtlichen Wertermittlungsanlässen, wie zum Beispiel bei der Kaufpreisaufteilung.

## Neu: Möglichst homogene Zonen

Es gibt einen wichtigen Unterschied. Der „Bodenrichtwert" wird in Euro pro Quadratmeter ausgewiesen. Das ist jedoch nicht der konkrete „Bodenwert". Das liegt daran, dass der Gutachterausschuss den Bodenrichtwert für ein typisches Bodenrichtwertgrundstück definiert. Dieses Referenzgrundstück stimmt in der Praxis keineswegs immer mit den konkreten Verhältnissen des zu bewertenden Grundstücks überein. Deshalb wird der Bodenrichtwert regelmäßig in den individuell anzusetzenden Bodenwert umgerechnet. Dabei sind unterschiedliche Rechenschritte denkbar. Was genau zu berechnen ist, kann von Region zu Region unterschiedlich sein und wird im Allgemeinen durch den Gutachterausschuss vorgegeben.

In einem Massenverfahren wären solche Umrechnungen kaum zu leisten. Deshalb fordert der Gesetzgeber von den Gutachterausschüssen, dass für die allgemein ermittelten Bodenrichtwerte räumlich abgegrenzte Bodenrichtwert-Zonen gebildet werden. Die Bodenrichtwerte innerhalb dieser Zonen dürfen lagebedingte Wertunterschiede zwischen der Mehrzahl der Grundstücke und dem Bodenrichtwertgrundstück nicht mehr als plus/minus 30 Prozent betragen.

Rechtsgrundlage ist hierfür § 10 Abs. 3 der Immobilienwertermittlungsverordnung vom 19.05.2010:

Die Richtwertzonen nach § 196 Absatz 1 Satz 3 des Baugesetzbuchs sind grundsätzlich so abzugrenzen, dass lagebedingte Wertunterschiede zwischen der Mehrheit der Grundstücke und dem Bodenrichtwertgrundstück nicht mehr als 30 Prozent betragen.



**Wichtig:** Die Gutachterausschüsse stellen Ihnen den Bodenrichtwert bislang nicht in allen Ländern kostenlos zur Verfügung. Sie als Steuerzahler müssen den Bodenrichtwert in Ihrer Erklärung zur Feststellung des Grundsteuerwerts angeben. Deshalb sollten die Landesregierungen rasch dafür sorgen, dass Sie die Auskunft über den Bodenrichtwert – zumindest zum Hauptfeststellungszeitpunkt – kostenlos erhalten.

**Hinweis:**

Den konkreten Bodenrichtwert stellt BORIS-D zur Verfügung unter: www.bodenrichtwerte-boris.de

## Auffangregelung

In Einzelfällen kann es dazu kommen, dass der Gutachterausschuss keinen Bodenrichtwert zur Verfügung stellt. Dann hat das Finanzamt die Befugnis, den Wert des unbebauten Grundstücks aus den Werten vergleichbarer Flächen abzuleiten.

## Bodenrichtwertzonen

Die Gutachterausschüsse sind bereits seit Jahren verpflichtet, konkrete Zonen anzugeben, für die die Bodenrichtwerte gelten. Die Bildung von Bodenrichtwertzonen ist also nichts Neues. Neu ist lediglich, dass die Zonen möglichst homogen gebildet werden müssen.

Bei der Ermittlung des Grundsteuerwerts bleiben die Korrekturen unberücksichtigt, die üblicherweise von Sachverständigen bei der Verkehrswertermittlung vorgenommen werden. Deshalb werden folgende Umrechnungen bzw. Korrekturen bei der Berechnung des Grundsteuerwerts in vielen Fällen unterbleiben können, weil sie bereits durch die Bildung von möglichst homogenen Zonen abgedeckt sind:



- die Berücksichtigung einer abweichenden Geschossflächenzahl
- die Berücksichtigung von Vorder- und Hinterland bei tiefgeschnittenen Grundstücken
- Abschläge bei übergroßen Grundstücken

**Beispiel:**

Eine Gemeinde weist für mehrere Einfamilienhäuser in einem Neubaugebiet einen Bodenrichtwert aus und umrandet das für den Bodenrichtwert maßgebende Gebiet mit einer zeichnerischen Grenze in einer Kartendarstellung.

Alle Grundstücke, die in der Zone liegen, sind für Zwecke der Grundsteuer mit diesem Bodenrichtwert zu bewerten.

**Hinweis:**

Der Gesetzgeber hat mittlerweile klargestellt, dass auf Umrechnungen zu verzichten ist.

## Mehrere Bodenrichtwerte in einer Zone

In der Praxis ist es denkbar, dass in einer Bodenrichtwertzone mehrere Bodenrichtwerte zugleich ausgewiesen werden. Sofern in einer Zone beispielsweise sowohl Grundstücke mit einer Wohnnutzung als auch Grundstücke mit einer gewerblichen

Nutzung liegen, weisen die Gutachterausschüsse häufig mehrere Bodenrichtwerte aus, nämlich sowohl einen Bodenrichtwert, der für Grundstücke mit einer Wohnnutzung gilt, als auch einen, der für Grundstücke mit einer gewerblichen Nutzung gilt.

Je nach Art des Grundstücks ist also der jeweils maßgebende Bodenrichtwert anzusetzen.

### Bodenrichtwertzone durchschneidet ein Grundstück



In der Praxis gibt es auch Fälle, in denen eine Bodenrichtwertzone ein Grundstück durchschneidet. Das bedeutet, die Grenze zwischen einer Bodenrichtwertzone und einer benachbarten Bodenrichtwertzone verläuft durch das zu bewertende Grundstück.

Die vom Gutachterausschuss gebildeten Bodenrichtwertzonen orientieren sich nicht zwingend an Flurstücksgrenzen. Das kann sachliche Gründe haben. Ein typischer Fall kann bei tief geschnittenen Grundstücken vorliegen.

**Beispiel:**

An einer Ausfallstraße liegen Grundstücke mit einer Breite von 20 Metern und einer Tiefe von 150 Metern. Baurechtlich können jedoch nur die ersten 20 Meter baulich genutzt werden. Der Gutachterausschuss berücksichtigt die unterschiedliche bauliche Nutzbarkeit in der Weise, indem er für das Vorderland eine Zone mit 200 Euro pro Quadratmeter bildet. Er zieht die Grenze zur Hinterlandzone entlang der Baugrenze von 20 Metern. Für das Hinterland weist der Gutachterausschuss einen Bodenrichtwert von 50 Euro pro Quadratmeter aus.

In diesem Fall durchschneidet die Bodenrichtwertzone das Flurstück bzw. die zu bewertende wirtschaftliche Einheit. Bei der Bewertung für Zwecke der Grundsteuer sind die Vorderland- und Hinterlandflächen mit dem jeweils maßgebenden Bodenrichtwert zu multiplizieren:

**Vorderland, baulich ausnutzbar**

| | |
|---|---|
| 20 m (Tiefe, Bauland) | |
| x 20 m (Breite) | |
| x 200 EUR/m² = | 80.000 EUR |

**Hinterland**

| | |
|---|---|
| (150 m – 20 m Baulandtiefe =) 130 m | |
| x 20 m Breite | |
| x 50 EUR/m² = | 130.000 EUR |
| **Summe** | **210.000 EUR** |

3

# Vereinfachtes Ertragswertverfahren im Bundesmodell

## Begriff des bebauten Grundstücks

Auch für bebaute Grundstücke gibt es eine Definition.

**Definition: Bebaute Grundstücke**

Grundstücke sind bebaut, wenn sich auf ihnen benutzbare Gebäude befinden.

Sobald ein benutzbares Gebäude vorhanden ist, handelt es sich nicht mehr um ein unbebautes Grundstück. Wird ein Gebäude in Bauabschnitten errichtet, ist der bezugsfertige Teil als benutzbares Gebäude anzusehen.



Mit der Bewertung eines Grundstücks sind folgende Teile der Immobilie erfasst und unterliegen der Grundsteuer:

- der Grund und Boden
- die Gebäude
- die sonstigen Bestandteile
- das Zubehör

Die Tatsache, dass diese Immobilienteile „dem Grunde nach" der Grundsteuer unterliegen, bedeutet nicht, dass dafür auch „der Höhe nach" Werte angesetzt werden. Beispielsweise gehört Heizöl zum Zubehör eines Grundstücks. Dennoch ist der Grundsteuerwert eines Einfamilienhauses nicht höher, wenn der Heizöltank voll ist.

Dagegen sind Betriebsvorrichtungen nicht der Grundsteuer zu unterwerfen. Nach der gesetzlichen Definition werden Maschinen und sonstige Vorrichtungen aller Art, die zu einer Betriebsanlage gehören (Betriebsvorrichtungen), nicht in das Grundvermögen einbezogen. Das gilt selbst dann, wenn sie nach dem bürgerlichen Recht wesentliche Bestandteile des Grund und Bodens oder der Gebäude sind.

Obwohl diese Definitionen etwas sperrig wirken, können Sie daraus ableiten, wann ein Bauwerk als Gebäude anzusehen ist. In diesem Fall ist Grundsteuer für ein bebautes Grundstück festzusetzen. Ist ein Bauwerk dagegen eine Betriebsvorrichtung, unterliegt es nicht der Grundsteuer.

## Gebäudemerkmale

Ein Bauwerk ist ein Gebäude, wenn alle folgenden fünf Merkmale ausnahmslos nebeneinander vorliegen:

- Der Aufenthalt von Menschen muss möglich sein.
- Es muss ein Schutz gegen Witterungseinflüsse durch räumliche Umschließung vorliegen.
- Das Bauwerk muss fest mit dem Grund und Boden verbunden sein.
- Das Bauwerk muss beständig sein.
- Das Bauwerk muss standfest sein.

Fehlt ein Merkmal, ist das Bauwerk kein Gebäude. Vielmehr müssen Sie dann prüfen, ob mit dem Bauwerk das gegenwärtig ausgeübte Gewerbe – wie mit einer Maschine – unmittelbar betrieben wird. Wenn dies der Fall ist, handelt es sich um eine Betriebsvorrichtung, die nicht der Grundsteuer unterliegt. Ist dies nicht der Fall, handelt es sich um einen Gebäudebestandteil oder eine Außenanlage.



**Hinweis:**

Bei der Grundsteuer ist es für Sie als Steuerzahler von Vorteil, wenn Bauwerke als Betriebsvorrichtung zu behandeln sind, weil insoweit keine Grundsteuer anfällt. Grundsteuer wird nur für die Bauteile erhoben, die begrifflich zum Grundvermögen gehören.

## Ermittlung des Grundsteuerwerts

Im Ertragswertverfahren ermitteln Sie den Grundsteuerwert aus der Summe des kapitalisierten Reinertrags und des abgezinsten Bodenwerts. Der kapitalisierte Reinertrag ist dabei der Barwert des Reinertrags.

Barwert des Reinertrags
zzgl. abgezinster Bodenwert
_______________________
**= Grundsteuerwert**

Mit dem Grundsteuerwert sind die Werte abgegolten für:

- den Grund und Boden
- die Gebäude
- die baulichen Anlagen, insbesondere Außenanlagen
- die sonstigen Anlagen

## Ermittlung des kapitalisierten Reinertrags

Zur Ermittlung des kapitalisierten Reinertrags ist vom Reinertrag des Grundstücks auszugehen. Dieser ergibt sich aus dem Rohertrag des Grundstücks abzüglich der Bewirtschaftungskosten.

4

Rohertrag des Grundstücks
abzgl. der nicht umlagefähigen Bewirtschaftungskosten

**= Reinertrag des Grundstücks**

Der Reinertrag des Grundstücks ist mit einem Vervielfältiger – dem sogenannten Barwertfaktor – zu kapitalisieren. Dieser ergibt sich aus Anlage 37 zum Bewertungsgesetz.

Maßgebend für den Vervielfältiger sind

- die Restnutzungsdauer des Gebäudes und
- der Liegenschaftszinssatz.

### Restnutzungsdauer

Die Restnutzungsdauer wird ermittelt, indem der Unterschiedsbetrag zwischen der wirtschaftlichen Gesamtnutzungsdauer und dem Alter des Gebäudes am Bewertungsstichtag gebildet wird. Die wirtschaftliche Gesamtnutzungsdauer ergibt sich aus Anlage 38 zum Bewertungsgesetz.

Wirtschaftliche Gesamtnutzungsdauer
abzgl. Alter des Gebäudes am Bewertungsstichtag

**= Restnutzungsdauer**

Die wirtschaftliche Gesamtnutzungsdauer richtet sich daher nach folgender Tabelle (Anlage 38).

| Wirtschaftliche Gesamtnutzungsdauer | |
|---|---|
| **Ein- und Zweifamilienhäuser** | 80 Jahre |
| **Mietwohngrundstücke, Mehrfamilienhäuser** | 80 Jahre |
| **Wohnungseigentum** | 80 Jahre |
| **Geschäftsgrundstücke, gemischt genutzte Grundstücke und sonstige bebaute Grundstücke:** | |
| Gemischt genutzte Grundstücke (Wohnhäuser mit Mischnutzung) | 80 Jahre |
| Museen, Theater, Sakralbauten | 70 Jahre |
| Bürogebäude, Verwaltungsgebäude | 60 Jahre |
| Banken und ähnliche Geschäftshäuser | 60 Jahre |
| Einzelgaragen und Mehrfachgaragen | 60 Jahre |
| Kindergärten (Kindertagesstätten), allgemeinbildende und berufsbildende Schulen, Hochschulen, Sonderschulen | 50 Jahre |
| Wohnheime, Internate, Alten- und Pflegeheime | 50 Jahre |
| Kauf-/Warenhäuser | 50 Jahre |
| Krankenhäuser, Kliniken, Tageskliniken, Ärztehäuser | 40 Jahre |
| Gemeindezentren, Saalbauten, Veranstaltungsgebäude, Vereinsheime | 40 Jahre |
| Beherbergungsstätten, Hotels, Verpflegungseinrichtungen | 40 Jahre |
| Sport- und Tennishallen, Freizeitbäder, Kur- und Heilbäder | 40 Jahre |
| Tief-, Hoch- und Nutzfahrzeuggaragen als Einzelbauwerke, Carports | 40 Jahre |
| Betriebs- und Werkstätten, Industrie- und Produktionsgebäude | 40 Jahre |
| Lager- und Versandgebäude | 40 Jahre |
| Verbrauchermärkte, Autohäuser | 30 Jahre |
| Reithallen, ehemalige landwirtschaftliche Mehrzweckhallen, Scheunen und Ähnliches | 30 Jahre |

Teileigentum ist in Abhängigkeit von der baulichen Gestaltung den vorstehenden Gebäudearten zuzuordnen.

**Auffangklausel**

Für Gebäudearten, die in der vorstehenden Liste nicht aufgeführt sind, ist die wirtschaftliche Gesamtnutzungsdauer aus der wirtschaftlichen Gesamtnutzungsdauer vergleichbarer Gebäudearten abzuleiten.



**Hinweis:**

Die Finanzverwaltung hat die Liste zwischenzeitlich erweitert. Mit den koordinierten Ländererlassen vom 11.02.2022 wird eine Reihe weiterer Gebäudearten aufgelistet. Das erleichtert die Bestimmung der Gesamtnutzungsdauer von Gebäuden, die nicht in der Anlage 38 des Bewertungsgesetzes aufgeführt sind. Die erweiterte Liste ist in dem Kapitel zum Sachwertverfahren abgedruckt.

Sind nach der Bezugsfertigkeit des Gebäudes, beispielsweise im Rahmen einer Kernsanierung oder Entkernung, bauliche Maßnahmen durchgeführt worden, die zu einer wesentlichen Verlängerung der wirtschaftlichen Gesamtnutzungsdauer des Gebäudes geführt haben, ist von einer entsprechend verlängerten wirtschaftlichen Restnutzungsdauer auszugehen. Dies gilt jedoch nicht, wenn nur der Ausbau (u. a. Heizung, Fenster und Sanitäreinrichtungen) umfassend modernisiert wurde. Vielmehr muss der Rohbau (u. a. Fundamente, tragende Innen- und Außenwände, Treppen, Dachkonstruktion sowie Geschossdecken) teilweise erneuert worden sein.

**Mindestrestnutzungsdauer**

Beachten Sie, dass der Gesetzgeber die Restnutzungsdauer eines noch nutzbaren Gebäudes mit mindestens 30 Prozent der wirtschaftlichen Gesamtnutzungsdauer ansetzt.

Somit wird berücksichtigt, dass auch ein älteres Gebäude, das laufend instandgehalten wird, nicht wertlos wird. Die Mindestnutzungsdauer macht in vielen Fällen – gerade bei älteren Gebäuden – die Prüfung entbehrlich, ob die restliche Lebensdauer infolge baulicher Maßnahmen wesentlich verlängert wurde. Bei älteren, noch nutzbaren Gebäuden schließt die Mindestrestnutzungsdauer in typisierender Weise eine Verlängerung der Restnutzungsdauer durch geringfügige Modernisierungen ein.

**Beispiel:**

Bei einer wirtschaftlichen Gesamtnutzungsdauer von 80 Jahren ergibt sich eine Mindestrestnutzungsdauer von 24 Jahren (80 Jahre x 30 Prozent).

Bei einer bestehenden Abbruchverpflichtung für das Gebäude ist die Restnutzungsdauer auf den Unterschiedsbetrag zwischen der tatsächlichen Gesamtnutzungsdauer und dem Alter des Gebäudes am Bewertungsstichtag begrenzt.

4

**Hinweis:**

In der Praxis liegen nur in sehr seltenen Fällen Abbruchverpflichtungen vor.

## Liegenschaftszinssätze

Im vereinfachten Ertragswertverfahren werden die Liegenschaftszinssätze gesetzlich vorgegeben.

Bei der Bewertung bebauter Grundstücke gelten die folgenden Zinssätze:

- 2,5 Prozent für Ein- und Zweifamilienhäuser
- 3,0 Prozent für Wohnungseigentum
- 4,0 Prozent für Mietwohngrundstücke mit bis zu sechs Wohnungen
- 4,5 Prozent für Mietwohngrundstücke mit mehr als sechs Wohnungen

**Definition: Liegenschaftszinssätze**

Darunter sind die Zinssätze zu verstehen, mit denen der Wert von Grundstücken abhängig von der Grundstücksart durchschnittlich und marktüblich verzinst wird.

### Korrektur bei Ein- und Zweifamilienhäusern



Besonderheiten gelten bei der Bewertung von Ein- und Zweifamilienhäusern. Die Regelung erscheint auf den ersten Blick etwas kompliziert. Allerdings sind die für Ein- und Zweifamilienhäuser geltenden Sonderregelungen weder für den Steuerzahler noch für die Verwaltung aufwendig, weil sie ausschließlich durch IT-Technik umgesetzt werden können.

Nach Auffassung des Gesetzgebers ist zur Gewährleistung einer relations- und realitätsgerechten Bewertung von Ein- und Zweifamilienhäusern im Ertragswertverfahren eine Abstufung der gesetzlich normierten Zinssätze in Korrelation zu den Bodenrichtwerten erforderlich.

**Wichtig:** Die vorgesehene Verminderung des Liegenschaftszinssatzes führt zu steigenden Ertragswerten.

Folgende Korrekturen sind vorgesehen:

- Bei der Bewertung von Ein- und Zweifamilienhäusern verringert sich der Zinssatz von 2,5 Prozent um jeweils 0,1 Prozentpunkte für jede volle 100 Euro, die der Bodenrichtwert oder der Bodenwert je Quadratmeter den Betrag von 500 Euro je Quadratmeter übersteigt.
- Ab einem Bodenrichtwert oder Bodenwert je Quadratmeter in Höhe von 1.500 Euro je Quadratmeter beträgt der Zinssatz für Ein- und Zweifamilienhäuser einheitlich 1,5 Prozent.

### Korrektur bei Wohnungseigentum

Wie bei Ein- und Zweifamilienhäusern ist zur Gewährleistung einer relations- und realitätsgerechten Bewertung von Wohnungseigentum im Ertragswertverfahren eine Abstufung der gesetzlich normierten Zinssätze in Korrelation zu den Bodenrichtwerten erforderlich.

- Bei der Bewertung von Wohnungseigentum verringert sich der Zinssatz um jeweils 0,1 Prozentpunkte für jede volle 100 Euro, die der Bodenrichtwert oder der Bodenwert je Quadratmeter den Betrag von 2.000 Euro je Quadratmeter übersteigt.
- Ab einem Bodenrichtwert oder Bodenwert in Höhe von 3.000 Euro je Quadratmeter beträgt der Zinssatz für Wohnungseigentum einheitlich 2 Prozent.



**Beispiel 1:**

Sie wollen den Liegenschaftszinssatz für ein Einfamilienhaus ermitteln, das in einer Bodenrichtwertzone mit einem Bodenrichtwert von 930 EUR/m² liegt.

Der Liegenschaftszinssatz für Einfamilienhäuser beträgt grundsätzlich 2,5 Prozent. Da im vorliegenden Fall der Bodenrichtwert von 930 EUR/m² die Grenze von 500 EUR/m² um vier volle 100 EUR übersteigt, reduziert sich der Liegenschaftszinssatz um 4 x 0,1 Prozentpunkte, also 0,4 Prozentpunkte, und beträgt somit 2,1 Prozent.

**Beispiel 2:**

Sie wollen den Liegenschaftszinssatz für ein Einfamilienhaus ermitteln, das in einer Bodenrichtwertzone mit einem Bodenrichtwert von 1.700 EUR/m² liegt.

Der Liegenschaftszinssatz für Einfamilienhäuser beträgt grundsätzlich 2,5 Prozent. Da im vorliegenden Fall der Bodenrichtwert von 1.700 EUR/m² die Grenze von 500 EUR/m² um zwölf volle 100 EUR übersteigt, würde sich der Liegenschaftszinssatz um 12 x 0,1 Prozentpunkte also 1,2 Prozentpunkte auf 1,3 Prozent reduzieren. Hier ist allerdings der Liegenschaftszinssatz auf maximal 1,5 Prozent zu reduzieren, da der Bodenrichtwert mehr als 1.500 EUR/m² beträgt.

## Barwertfaktoren für die Kapitalisierung

Die Barwertfaktoren ergeben sich aus der nachstehenden Anlage 37 zum Bewertungsgesetz.

| Restnutzungsdauer (Jahre) | Zinssatz | | | | | | | | | | |
|---|---|---|---|---|---|---|---|---|---|---|---|
| | 1,5 % | 1,6 % | 1,7 % | 1,8 % | 1,9 % | 2,0 % | 2,1 % | 2,2 % | 2,3 % | 2,4 % | 2,5 % |
| 1 | 0,99 | 0,98 | 0,98 | 0,98 | 0,98 | 0,98 | 0,98 | 0,98 | 0,98 | 0,98 | 0,98 |
| 2 | 1,96 | 1,95 | 1,95 | 1,95 | 1,94 | 1,94 | 1,94 | 1,94 | 1,93 | 1,93 | 1,93 |
| 3 | 2,91 | 2,91 | 2,90 | 2,90 | 2,89 | 2,88 | 2,88 | 2,87 | 2,87 | 2,86 | 2,86 |
| 4 | 3,85 | 3,84 | 3,84 | 3,83 | 3,82 | 3,81 | 3,80 | 3,79 | 3,78 | 3,77 | 3,76 |
| 5 | 4,78 | 4,77 | 4,75 | 4,74 | 4,73 | 4,71 | 4,70 | 4,69 | 4,67 | 4,66 | 4,65 |
| 6 | 5,70 | 5,68 | 5,66 | 5,64 | 5,62 | 5,60 | 5,58 | 5,56 | 5,55 | 5,53 | 5,51 |
| 7 | 6,60 | 6,57 | 6,55 | 6,52 | 6,50 | 6,47 | 6,45 | 6,42 | 6,40 | 6,37 | 6,35 |
| 8 | 7,49 | 7,45 | 7,42 | 7,39 | 7,36 | 7,33 | 7,29 | 7,26 | 7,23 | 7,20 | 7,17 |
| 9 | 8,36 | 8,32 | 8,28 | 8,24 | 8,20 | 8,16 | 8,12 | 8,08 | 8,05 | 8,01 | 7,97 |
| 10 | 9,22 | 9,17 | 9,13 | 9,08 | 9,03 | 8,98 | 8,94 | 8,89 | 8,84 | 8,80 | 8,75 |
| 11 | 10,07 | 10,01 | 9,96 | 9,90 | 9,84 | 9,79 | 9,73 | 9,68 | 9,62 | 9,57 | 9,51 |
| 12 | 10,91 | 10,84 | 10,77 | 10,71 | 10,64 | 10,58 | 10,51 | 10,45 | 10,38 | 10,32 | 10,26 |
| 13 | 11,73 | 11,65 | 11,58 | 11,50 | 11,42 | 11,35 | 11,27 | 11,20 | 11,13 | 11,05 | 10,98 |
| 14 | 12,54 | 12,45 | 12,37 | 12,28 | 12,19 | 12,11 | 12,02 | 11,94 | 11,85 | 11,77 | 11,69 |
| 15 | 13,34 | 13,24 | 13,14 | 13,04 | 12,95 | 12,85 | 12,75 | 12,66 | 12,57 | 12,47 | 12,38 |
| 16 | 14,13 | 14,02 | 13,91 | 13,80 | 13,69 | 13,58 | 13,47 | 13,37 | 13,26 | 13,16 | 13,06 |
| 17 | 14,91 | 14,78 | 14,66 | 14,53 | 14,41 | 14,29 | 14,17 | 14,06 | 13,94 | 13,83 | 13,71 |
| 18 | 15,67 | 15,53 | 15,40 | 15,26 | 15,12 | 14,99 | 14,86 | 14,73 | 14,60 | 14,48 | 14,35 |
| 19 | 16,43 | 16,27 | 16,12 | 15,97 | 15,82 | 15,68 | 15,53 | 15,39 | 15,25 | 15,12 | 14,98 |
| 20 | 17,17 | 17,00 | 16,83 | 16,67 | 16,51 | 16,35 | 16,19 | 16,04 | 15,89 | 15,74 | 15,59 |
| 21 | 17,90 | 17,72 | 17,54 | 17,36 | 17,18 | 17,01 | 16,84 | 16,67 | 16,51 | 16,35 | 16,18 |
| 22 | 18,62 | 18,42 | 18,23 | 18,03 | 17,84 | 17,66 | 17,47 | 17,29 | 17,11 | 16,94 | 16,77 |
| 23 | 19,33 | 19,12 | 18,91 | 18,70 | 18,49 | 18,29 | 18,09 | 17,90 | 17,71 | 17,52 | 17,33 |
| 24 | 20,03 | 19,80 | 19,57 | 19,35 | 19,13 | 18,91 | 18,70 | 18,49 | 18,29 | 18,08 | 17,88 |
| 25 | 20,72 | 20,47 | 20,23 | 19,99 | 19,75 | 19,52 | 19,30 | 19,07 | 18,85 | 18,64 | 18,42 |

| Restnutzungsdauer (Jahre) | Zinssatz | | | | | | | | | | |
|---|---|---|---|---|---|---|---|---|---|---|---|
| | 1,5 % | 1,6 % | 1,7 % | 1,8 % | 1,9 % | 2,0 % | 2,1 % | 2,2 % | 2,3 % | 2,4 % | 2,5 % |
| 26 | 21,40 | 21,13 | 20,87 | 20,62 | 20,37 | 20,12 | 19,88 | 19,64 | 19,41 | 19,18 | 18,95 |
| 27 | 22,07 | 21,79 | 21,51 | 21,24 | 20,97 | 20,71 | 20,45 | 20,20 | 19,95 | 19,70 | 19,46 |
| 28 | 22,73 | 22,43 | 22,13 | 21,84 | 21,56 | 21,28 | 21,01 | 20,74 | 20,48 | 20,22 | 19,96 |
| 29 | 23,38 | 23,06 | 22,75 | 22,44 | 22,14 | 21,84 | 21,56 | 21,27 | 20,99 | 20,72 | 20,45 |
| 30 | 24,02 | 23,68 | 23,35 | 23,02 | 22,71 | 22,40 | 22,09 | 21,79 | 21,50 | 21,21 | 20,93 |
| 31 | 24,65 | 24,29 | 23,94 | 23,60 | 23,27 | 22,94 | 22,62 | 22,30 | 21,99 | 21,69 | 21,40 |
| 32 | 25,27 | 24,89 | 24,52 | 24,17 | 23,81 | 23,47 | 23,13 | 22,80 | 22,48 | 22,16 | 21,85 |
| 33 | 25,88 | 25,48 | 25,10 | 24,72 | 24,35 | 23,99 | 23,63 | 23,29 | 22,95 | 22,62 | 22,29 |
| 34 | 26,48 | 26,07 | 25,66 | 25,27 | 24,88 | 24,50 | 24,13 | 23,77 | 23,41 | 23,06 | 22,72 |
| 35 | 27,08 | 26,64 | 26,22 | 25,80 | 25,40 | 25,00 | 24,61 | 24,23 | 23,86 | 23,50 | 23,15 |
| 36 | 27,66 | 27,21 | 26,76 | 26,33 | 25,90 | 25,49 | 25,08 | 24,69 | 24,30 | 23,93 | 23,56 |
| 37 | 28,24 | 27,76 | 27,30 | 26,84 | 26,40 | 25,97 | 25,55 | 25,14 | 24,73 | 24,34 | 23,96 |
| 38 | 28,81 | 28,31 | 27,82 | 27,35 | 26,89 | 26,44 | 26,00 | 25,57 | 25,16 | 24,75 | 24,35 |
| 39 | 29,36 | 28,85 | 28,34 | 27,85 | 27,37 | 26,90 | 26,45 | 26,00 | 25,57 | 25,14 | 24,73 |
| 40 | 29,92 | 29,38 | 28,85 | 28,34 | 27,84 | 27,36 | 26,88 | 26,42 | 25,97 | 25,53 | 25,10 |
| 41 | 30,46 | 29,90 | 29,35 | 28,82 | 28,30 | 27,80 | 27,31 | 26,83 | 26,36 | 25,91 | 25,47 |
| 42 | 30,99 | 30,41 | 29,85 | 29,29 | 28,76 | 28,23 | 27,73 | 27,23 | 26,75 | 26,28 | 25,82 |
| 43 | 31,52 | 30,92 | 30,33 | 29,76 | 29,20 | 28,66 | 28,14 | 27,62 | 27,12 | 26,64 | 26,17 |
| 44 | 32,04 | 31,41 | 30,81 | 30,21 | 29,64 | 29,08 | 28,54 | 28,01 | 27,49 | 26,99 | 26,50 |
| 45 | 32,55 | 31,90 | 31,27 | 30,66 | 30,07 | 29,49 | 28,93 | 28,38 | 27,85 | 27,34 | 26,83 |
| 46 | 33,06 | 32,39 | 31,73 | 31,10 | 30,49 | 29,89 | 29,31 | 28,75 | 28,20 | 27,67 | 27,15 |
| 47 | 33,55 | 32,86 | 32,19 | 31,54 | 30,90 | 30,29 | 29,69 | 29,11 | 28,55 | 28,00 | 27,47 |
| 48 | 34,04 | 33,33 | 32,63 | 31,96 | 31,31 | 30,67 | 30,06 | 29,46 | 28,88 | 28,32 | 27,77 |
| 49 | 34,52 | 33,79 | 33,07 | 32,38 | 31,70 | 31,05 | 30,42 | 29,81 | 29,21 | 28,63 | 28,07 |
| 50 | 35,00 | 34,24 | 33,50 | 32,79 | 32,09 | 31,42 | 30,77 | 30,14 | 29,53 | 28,94 | 28,36 |
| 51 | 35,47 | 34,68 | 33,92 | 33,19 | 32,48 | 31,79 | 31,12 | 30,47 | 29,84 | 29,24 | 28,65 |
| 52 | 35,93 | 35,12 | 34,34 | 33,58 | 32,85 | 32,14 | 31,46 | 30,79 | 30,15 | 29,53 | 28,92 |
| 53 | 36,38 | 35,55 | 34,75 | 33,97 | 33,22 | 32,50 | 31,79 | 31,11 | 30,45 | 29,81 | 29,19 |
| 54 | 36,83 | 35,98 | 35,15 | 34,35 | 33,58 | 32,84 | 32,12 | 31,42 | 30,74 | 30,09 | 29,46 |

4

| Restnutzungsdauer (Jahre) | Zinssatz | | | | | | | | | | |
|---|---|---|---|---|---|---|---|---|---|---|---|
| | 1,5 % | 1,6 % | 1,7 % | 1,8 % | 1,9 % | 2,0 % | 2,1 % | 2,2 % | 2,3 % | 2,4 % | 2,5 % |
| 55 | 37,27 | 36,39 | 35,55 | 34,73 | 33,94 | 33,17 | 32,44 | 31,72 | 31,03 | 30,36 | 29,71 |
| 56 | 37,71 | 36,81 | 35,94 | 35,10 | 34,29 | 33,50 | 32,75 | 32,02 | 31,31 | 30,63 | 29,96 |
| 57 | 38,13 | 37,21 | 36,32 | 35,46 | 34,63 | 33,83 | 33,05 | 32,31 | 31,58 | 30,88 | 30,21 |
| 58 | 38,56 | 37,61 | 36,70 | 35,82 | 34,97 | 34,15 | 33,35 | 32,59 | 31,85 | 31,14 | 30,45 |
| 59 | 38,97 | 38,00 | 37,07 | 36,16 | 35,29 | 34,46 | 33,65 | 32,87 | 32,11 | 31,38 | 30,68 |
| 60 | 39,38 | 38,39 | 37,43 | 36,51 | 35,62 | 34,76 | 33,93 | 33,14 | 32,37 | 31,63 | 30,91 |
| 61 | 39,78 | 38,77 | 37,79 | 36,84 | 35,94 | 35,06 | 34,22 | 33,40 | 32,62 | 31,86 | 31,13 |
| 62 | 40,18 | 39,14 | 38,14 | 37,17 | 36,25 | 35,35 | 34,49 | 33,66 | 32,86 | 32,09 | 31,35 |
| 63 | 40,57 | 39,51 | 38,48 | 37,50 | 36,55 | 35,64 | 34,76 | 33,92 | 33,10 | 32,31 | 31,56 |
| 64 | 40,96 | 39,87 | 38,82 | 37,82 | 36,85 | 35,92 | 35,03 | 34,16 | 33,33 | 32,53 | 31,76 |
| 65 | 41,34 | 40,23 | 39,16 | 38,13 | 37,15 | 36,20 | 35,28 | 34,41 | 33,56 | 32,75 | 31,96 |
| 66 | 41,71 | 40,58 | 39,49 | 38,44 | 37,43 | 36,47 | 35,54 | 34,64 | 33,78 | 32,96 | 32,16 |
| 67 | 42,08 | 40,92 | 39,81 | 38,74 | 37,72 | 36,73 | 35,79 | 34,88 | 34,00 | 33,16 | 32,35 |
| 68 | 42,44 | 41,26 | 40,13 | 39,04 | 38,00 | 36,99 | 36,03 | 35,11 | 34,22 | 33,36 | 32,54 |
| 69 | 42,80 | 41,60 | 40,44 | 39,33 | 38,27 | 37,25 | 36,27 | 35,33 | 34,42 | 33,56 | 32,72 |
| 70 | 43,15 | 41,93 | 40,75 | 39,62 | 38,54 | 37,50 | 36,50 | 35,55 | 34,63 | 33,75 | 32,90 |
| 71 | 43,50 | 42,25 | 41,05 | 39,90 | 38,80 | 37,74 | 36,73 | 35,76 | 34,83 | 33,93 | 33,07 |
| 72 | 43,84 | 42,57 | 41,35 | 40,18 | 39,06 | 37,98 | 36,95 | 35,97 | 35,02 | 34,11 | 33,24 |
| 73 | 44,18 | 42,88 | 41,64 | 40,45 | 39,31 | 38,22 | 37,17 | 36,17 | 35,21 | 34,29 | 33,40 |
| 74 | 44,51 | 43,19 | 41,93 | 40,72 | 39,56 | 38,45 | 37,39 | 36,37 | 35,40 | 34,46 | 33,57 |
| 75 | 44,84 | 43,50 | 42,21 | 40,98 | 39,80 | 38,68 | 37,60 | 36,57 | 35,58 | 34,63 | 33,72 |
| 76 | 45,16 | 43,79 | 42,49 | 41,24 | 40,04 | 38,90 | 37,81 | 36,76 | 35,76 | 34,80 | 33,88 |
| 77 | 45,48 | 44,09 | 42,76 | 41,49 | 40,28 | 39,12 | 38,01 | 36,95 | 35,93 | 34,96 | 34,03 |
| 78 | 45,79 | 44,38 | 43,03 | 41,74 | 40,51 | 39,33 | 38,21 | 37,13 | 36,10 | 35,11 | 34,17 |
| 79 | 46,10 | 44,66 | 43,29 | 41,98 | 40,73 | 39,54 | 38,40 | 37,31 | 36,27 | 35,27 | 34,31 |
| 80 | 46,41 | 44,95 | 43,55 | 42,22 | 40,96 | 39,74 | 38,59 | 37,48 | 36,43 | 35,42 | 34,45 |
| 81 | 46,71 | 45,22 | 43,81 | 42,46 | 41,17 | 39,95 | 38,77 | 37,66 | 36,59 | 35,56 | 34,59 |
| 82 | 47,00 | 45,49 | 44,06 | 42,69 | 41,39 | 40,14 | 38,96 | 37,82 | 36,74 | 35,71 | 34,72 |
| 83 | 47,29 | 45,76 | 44,31 | 42,92 | 41,60 | 40,34 | 39,13 | 37,99 | 36,89 | 35,85 | 34,85 |

| Restnutzungsdauer (Jahre) | Zinssatz | | | | | | | | | | |
|---|---|---|---|---|---|---|---|---|---|---|---|
| | 1,5 % | 1,6 % | 1,7 % | 1,8 % | 1,9 % | 2,0 % | 2,1 % | 2,2 % | 2,3 % | 2,4 % | 2,5 % |
| 84 | 47,58 | 46,03 | 44,55 | 43,14 | 41,80 | 40,53 | 39,31 | 38,15 | 37,04 | 35,98 | 34,97 |
| 85 | 47,86 | 46,29 | 44,79 | 43,36 | 42,00 | 40,71 | 39,48 | 38,31 | 37,19 | 36,12 | 35,10 |
| 86 | 48,14 | 46,54 | 45,02 | 43,58 | 42,20 | 40,89 | 39,65 | 38,46 | 37,33 | 36,25 | 35,22 |
| 87 | 48,41 | 46,79 | 45,25 | 43,79 | 42,40 | 41,07 | 39,81 | 38,61 | 37,47 | 36,37 | 35,33 |
| 88 | 48,68 | 47,04 | 45,48 | 44,00 | 42,59 | 41,25 | 39,97 | 38,76 | 37,60 | 36,50 | 35,45 |
| 89 | 48,95 | 47,28 | 45,70 | 44,20 | 42,77 | 41,42 | 40,13 | 38,90 | 37,73 | 36,62 | 35,56 |
| 90 | 49,21 | 47,52 | 45,92 | 44,40 | 42,96 | 41,59 | 40,28 | 39,04 | 37,86 | 36,74 | 35,67 |
| 91 | 49,47 | 47,76 | 46,14 | 44,60 | 43,14 | 41,75 | 40,43 | 39,18 | 37,99 | 36,85 | 35,77 |
| 92 | 49,72 | 47,99 | 46,35 | 44,79 | 43,32 | 41,91 | 40,58 | 39,32 | 38,11 | 36,97 | 35,87 |
| 93 | 49,97 | 48,22 | 46,56 | 44,98 | 43,49 | 42,07 | 40,73 | 39,45 | 38,23 | 37,08 | 35,98 |
| 94 | 50,22 | 48,44 | 46,76 | 45,17 | 43,66 | 42,23 | 40,87 | 39,58 | 38,35 | 37,18 | 36,07 |
| 95 | 50,46 | 48,67 | 46,96 | 45,35 | 43,83 | 42,38 | 41,01 | 39,70 | 38,47 | 37,29 | 36,17 |
| 96 | 50,70 | 48,88 | 47,16 | 45,53 | 43,99 | 42,53 | 41,14 | 39,83 | 38,58 | 37,39 | 36,26 |
| 97 | 50,94 | 49,10 | 47,36 | 45,71 | 44,15 | 42,68 | 41,28 | 39,95 | 38,69 | 37,49 | 36,35 |
| 98 | 51,17 | 49,31 | 47,55 | 45,89 | 44,31 | 42,82 | 41,41 | 40,07 | 38,80 | 37,59 | 36,44 |
| 99 | 51,40 | 49,52 | 47,74 | 46,06 | 44,47 | 42,96 | 41,53 | 40,18 | 38,90 | 37,68 | 36,53 |
| 100 | 51,62 | 49,72 | 47,92 | 46,22 | 44,62 | 43,10 | 41,66 | 40,30 | 39,00 | 37,78 | 36,61 |



**Formel zur Ermittlung der Vervielfältiger (Barwertfaktoren für die Kapitalisierung):**

$$\text{Vervielfältiger} = \frac{q^n - 1}{q^n \times (q-1)}$$

$$q = 1 + LZ \quad \text{wobei } LZ = \frac{p}{100}$$

LZ = Zinssatz (Liegenschaftszinssatz)
n = Restnutzungsdauer
p = Zinsfuß

## Schema zur Berechnung des Grundsteuerwerts

Für das vereinfachte Ertragswertverfahren gilt das folgende Berechnungsschema:

| | |
|---|---|
| | **jährlicher Rohertrag** (§ 254 BewG, Anlage 39 zum BewG) |
| ./. | nicht umlagefähige Bewirtschaftungskosten (§ 255 BewG, Anlage 40 zum BewG) |
| = | **jährlicher Reinertrag** (§ 253 Absatz 1 BewG) |
| x | **Vervielfältiger/Barwertfaktor** (§§ 253 Abs. 2, 256 BewG, Anlage 37, 38 zum BewG) |
| = | Barwert des Reinertrags (§§ 252, 253 BewG) |
| + | **abgezinster Bodenwert** (§ 257 BewG, Anlage 41 zum BewG) |
| = | Grundsteuerwert (§ 252 BewG) |

4

**Hinweis:**

Besondere objektspezifische Grundstücksmerkmale werden im Rahmen dieser typisierenden Wertermittlung nicht gesondert ermittelt.

## Berechnungsschema

Ein umfassendes Berechnungsschema enthalten die koordinierten Ländererlasse vom 09.11.2021, aus denen sich auch die einzelnen Vorschriften des Bewertungsgesetzes ergeben:

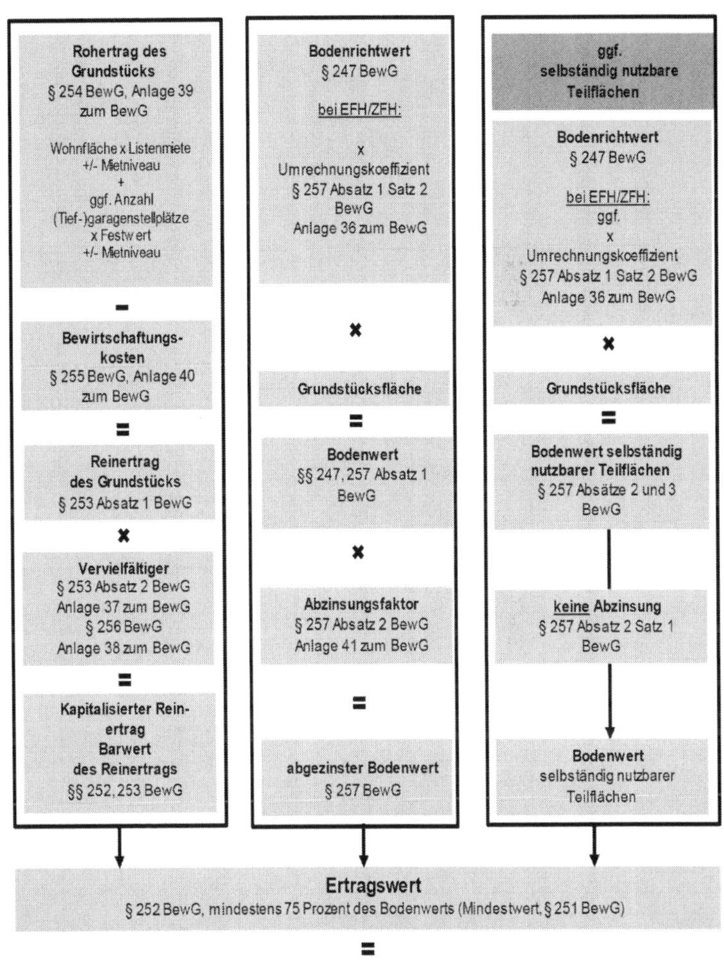

## Formel des vereinfachten Ertragswertverfahrens

Das vereinfachte Ertragswertverfahren entspricht der folgenden Formel:

$$EW = RE \times KF + BW \times AF$$

wobei $KF = \dfrac{q^n - 1}{q^n \times (q-1)}$

$LZ = \dfrac{p}{100}$

4

$AF = q^{-n}$

$q = 1 + LZ$

EW = Ertragswert
RE = jährlicher Reinertrag
KF = Kapitalisierungsfaktor (Barwertfaktor; Anlage 37 zum BewG)
AF = Abzinsungsfaktor (Barwertfaktor; Anlage 41 zum BewG)
BW = Bodenwert ohne selbstständig nutzbare Teilfläche
LZ = Liegenschaftszinssatz
n = wirtschaftliche Restnutzungsdauer
p = Zinsfuß

## Rohertrag des Grundstücks

Ausgangsgröße der Bewertung im Ertragswertverfahren ist der jährliche Rohertrag des Grundstücks.

Überraschend erscheint die Ermittlung des Rohertrags. Hier verlangt der Gesetzgeber nicht – wie dies bei der Einkommensteuererklärung Jahr für Jahr üblich ist – die Angabe der tatsächlichen Miete. Stattdessen gibt der Gesetzgeber einen Rohertrag vor, der aus Vereinfachungsgründen auf der Grundlage von aus dem Mikrozensus des Statistischen Bundesamts abgeleiteten durchschnittlichen Nettokaltmieten je Quadratmeter Wohnfläche berechnet wurde.

Der Rohertrag des Grundstücks ergibt sich aus Anlage 39 zum Bewertungsgesetz und wird dabei unterschieden nach:

- Land
- Gebäudeart
- Wohnungsgröße
- Baujahr des Gebäudes

Die Anlage 39 zum Bewertungsgesetz weist monatliche Nettokaltmieten je Quadratmeter Wohnfläche einschließlich der in Abhängigkeit der Mietniveaustufen festgelegten Zu- und Abschläge aus. Dabei unterscheidet die Anlage 39 zwischen

- drei Grundstücksarten,
- drei Wohnflächengruppen sowie
- fünf Baujahrgruppen.



Der Rohertrag entspricht somit einer „Listenmiete", die für Wohngebäude gilt. Dazu gehören Ein- und Zweifamilienhäuser, Mietwohngrundstücke und Wohnungseigentum.

Zusätzlich wird die Listenmiete nach sechs gemeindescharfen Mietniveaustufen differenziert.

Die durchschnittliche Miete auf statistischer Grundlage soll in einem Massenverfahren insbesondere in den Fällen zu Vereinfachungen führen, in denen Grundstücke eigengenutzt, ungenutzt, zu vorübergehendem Gebrauch oder unentgeltlich überlassen werden.

### Listenmiete

Zur Ermittlung des Rohertrags ist die „durchschnittliche Nettokaltmiete", die sogenannte Listenmiete, maßgebend. Sie ergibt sich aus der nachstehend abgedruckten Anlage 39 zum Bewertungsgesetz.

**Hinweis:**

Die Anlage 39 wurde mit dem Grunsteuerreform-Umsetzungsgesetz im Jahr 2021 aktualisiert. Nachstehend ist die neueste Fassung der Anlage 39 abgedruckt.

## I. Monatliche Nettokaltmieten in EUR/Quadratmeter Wohnfläche** (Wertverhältnisse/Stand 01.01.2022); Neufassung BGBl. I S. 2932–2936

4

| Land | Gebäudeart | Wohnfläche | Baujahr des Gebäudes | | | | |
|---|---|---|---|---|---|---|---|
| | | | bis 1948 | 1949 bis 1978 | 1979 bis 1990 | 1991 bis 2000 | ab 2001 |
| Baden-Württemberg | Einfamilienhaus | unter 60 m² | 7,13 | 6,88 | 7,01 | 8,73 | 9,40 |
| | | von 60 m² bis unter 100 m² | 6,24 | 6,41 | 6,62 | 7,58 | 7,51 |
| | | 100 m² und mehr | 5,53 | 6,10 | 6,37 | 6,61 | 7,78 |
| | Zweifamilienhaus | unter 60 m² | 7,63 | 8,16 | 8,15 | 8,56 | 8,89 |
| | | von 60 m² bis unter 100 m² | 5,60 | 6,06 | 6,11 | 6,55 | 7,60 |
| | | 100 m² und mehr | 5,10 | 5,38 | 5,45 | 6,20 | 7,31 |
| | Mietwohngrundstück | unter 60 m² | 8,60 | 9,17 | 9,11 | 10,10 | 12,44 |
| | | von 60 m² bis unter 100 m² | 6,78 | 7,09 | 7,33 | 7,82 | 8,97 |
| | | 100 m² und mehr | 6,84 | 6,42 | 6,82 | 7,27 | 8,97 |
| Bayern | Einfamilienhaus | unter 60 m² | 7,86 | 7,54 | 7,76 | 9,28 | 10,64 |
| | | von 60 m² bis unter 100 m² | 6,89 | 7,04 | 7,34 | 8,07 | 8,50 |
| | | 100 m² und mehr | 6,09 | 6,69 | 7,06 | 7,03 | 8,80 |
| | Zweifamilienhaus | unter 60 m² | 6,91 | 7,35 | 7,41 | 7,48 | 8,25 |
| | | von 60 m² bis unter 100 m² | 5,06 | 5,45 | 5,57 | 5,72 | 7,07 |
| | | 100 m² und mehr | 4,61 | 4,85 | 4,96 | 5,42 | 6,79 |
| | Mietwohngrundstück | unter 60 m² | 9,82 | 10,41 | 10,44 | 11,12 | 14,56 |
| | | von 60 m² bis unter 100 m² | 7,74 | 8,04 | 8,40 | 8,61 | 10,50 |
| | | 100 m² und mehr | 7,80 | 7,29 | 7,81 | 8,00 | 10,50 |

| Land | Gebäudeart | Wohnfläche | Baujahr des Gebäudes | | | | |
|---|---|---|---|---|---|---|---|
| | | | bis 1948 | 1949 bis 1978 | 1979 bis 1990 | 1991 bis 2000 | ab 2001 |
| Berlin | Einfamilienhaus | unter 60 m² | 9,04 | 7,79 | 7,28 | 10,70 | 14,45 |
| | | von 60 m² bis unter 100 m² | 7,92 | 7,25 | 6,89 | 9,28 | 11,56 |
| | | 100 m² und mehr | 7,01 | 6,91 | 6,63 | 8,09 | 11,96 |
| | Zweifamilienhaus | unter 60 m² | 8,95 | 8,55 | 7,83 | 9,70 | 12,62 |
| | | von 60 m² bis unter 100 m² | 6,56 | 6,33 | 5,87 | 7,43 | 10,79 |
| | | 100 m² und mehr | 5,97 | 5,64 | 5,23 | 7,02 | 10,37 |
| | Mietwohngrundstück | unter 60 m² | 8,47 | 8,07 | 7,31 | 9,60 | 14,83 |
| | | von 60 m² bis unter 100 m² | 6,68 | 6,23 | 5,91 | 7,44 | 10,70 |
| | | 100 m² und mehr | 6,73 | 5,65 | 5,50 | 6,91 | 10,70 |
| Brandenburg | Einfamilienhaus | unter 60 m² | 8,34 | 7,20 | 7,28 | 10,66 | 12,20 |
| | | von 60 m² bis unter 100 m² | 7,31 | 6,71 | 6,88 | 9,26 | 9,75 |
| | | 100 m² und mehr | 6,47 | 6,39 | 6,62 | 8,07 | 10,09 |
| | Zweifamilienhaus | unter 60 m² | 7,50 | 7,17 | 7,10 | 8,79 | 9,68 |
| | | von 60 m² bis unter 100 m² | 5,50 | 5,31 | 5,32 | 6,72 | 8,28 |
| | | 100 m² und mehr | 5,00 | 4,73 | 4,75 | 6,36 | 7,96 |
| | Mietwohngrundstück | unter 60 m² | 7,45 | 7,11 | 7,00 | 9,13 | 11,94 |
| | | von 60 m² bis unter 100 m² | 5,88 | 5,49 | 5,63 | 7,07 | 8,61 |
| | | 100 m² und mehr | 5,92 | 4,98 | 5,24 | 6,58 | 8,61 |

| Land | Gebäudeart | Wohnfläche | Baujahr des Gebäudes | | | | |
|---|---|---|---|---|---|---|---|
| | | | bis 1948 | 1949 bis 1978 | 1979 bis 1990 | 1991 bis 2000 | ab 2001 |
| Bremen | Einfamilienhaus | unter 60 m² | 7,03 | 6,49 | 6,73 | 7,62 | 9,00 |
| | | von 60 m² bis unter 100 m² | 6,16 | 6,06 | 6,36 | 6,62 | 7,19 |
| | | 100 m² und mehr | 5,45 | 5,77 | 6,11 | 5,77 | 7,44 |
| | Zweifamilienhaus | unter 60 m² | 7,88 | 8,09 | 8,19 | 7,84 | 8,91 |
| | | von 60 m² bis unter 100 m² | 5,78 | 6,00 | 6,15 | 6,00 | 7,62 |
| | | 100 m² und mehr | 5,26 | 5,33 | 5,48 | 5,67 | 7,33 |
| | Mietwohngrundstück | unter 60 m² | 8,08 | 8,26 | 8,33 | 8,38 | 11,33 |
| | | von 60 m² bis unter 100 m² | 6,38 | 6,38 | 6,71 | 6,49 | 8,17 |
| | | 100 m² und mehr | 6,42 | 5,79 | 6,24 | 6,04 | 8,17 |
| Hamburg | Einfamilienhaus | unter 60 m² | 8,69 | 7,01 | 7,52 | 9,56 | 10,26 |
| | | von 60 m² bis unter 100 m² | 7,62 | 6,53 | 7,11 | 8,31 | 8,20 |
| | | 100 m² und mehr | 6,74 | 6,22 | 6,84 | 7,24 | 8,49 |
| | Zweifamilienhaus | unter 60 m² | 10,45 | 9,34 | 9,82 | 10,55 | 10,89 |
| | | von 60 m² bis unter 100 m² | 7,67 | 6,92 | 7,37 | 8,07 | 9,31 |
| | | 100 m² und mehr | 6,97 | 6,16 | 6,57 | 7,64 | 8,96 |
| | Mietwohngrundstück | unter 60 m² | 9,18 | 8,19 | 8,57 | 9,70 | 11,89 |
| | | von 60 m² bis unter 100 m² | 7,23 | 6,32 | 6,89 | 7,51 | 8,58 |
| | | 100 m² und mehr | 7,30 | 5,73 | 6,42 | 6,98 | 8,58 |

| Land | Gebäudeart | Wohnfläche | Baujahr des Gebäudes | | | | |
|---|---|---|---|---|---|---|---|
| | | | bis 1948 | 1949 bis 1978 | 1979 bis 1990 | 1991 bis 2000 | ab 2001 |
| Hessen | Einfamilienhaus | unter 60 m² | 7,96 | 6,97 | 6,91 | 7,83 | 10,02 |
| | | von 60 m² bis unter 100 m² | 6,97 | 6,50 | 6,54 | 6,80 | 8,00 |
| | | 100 m² und mehr | 6,17 | 6,18 | 6,29 | 5,93 | 8,29 |
| | Zweifamilienhaus | unter 60 m² | 7,45 | 7,23 | 7,02 | 6,72 | 8,27 |
| | | von 60 m² bis unter 100 m² | 5,46 | 5,36 | 5,26 | 5,15 | 7,08 |
| | | 100 m² und mehr | 4,97 | 4,77 | 4,70 | 4,87 | 6,81 |
| | Mietwohngrundstück | unter 60 m² | 9,44 | 9,13 | 8,81 | 8,90 | 13,01 |
| | | von 60 m² bis unter 100 m² | 7,45 | 7,05 | 7,10 | 6,89 | 9,39 |
| | | 100 m² und mehr | 7,50 | 6,39 | 6,60 | 6,40 | 9,39 |
| Mecklenburg-Vorpommern | Einfamilienhaus | unter 60 m² | 7,02 | 5,75 | 5,50 | 8,12 | 8,77 |
| | | von 60 m² bis unter 100 m² | 6,15 | 5,37 | 5,20 | 7,05 | 7,01 |
| | | 100 m² und mehr | 5,44 | 5,11 | 5,01 | 6,14 | 7,26 |
| | Zweifamilienhaus | unter 60 m² | 7,48 | 6,80 | 6,35 | 7,92 | 8,24 |
| | | von 60 m² bis unter 100 m² | 5,48 | 5,05 | 4,77 | 6,07 | 7,05 |
| | | 100 m² und mehr | 4,99 | 4,49 | 4,25 | 5,74 | 6,78 |
| | Mietwohngrundstück | unter 60 m² | 8,20 | 7,44 | 6,92 | 9,09 | 11,22 |
| | | von 60 m² bis unter 100 m² | 6,48 | 5,74 | 5,57 | 7,04 | 8,10 |
| | | 100 m² und mehr | 6,52 | 5,21 | 5,18 | 6,55 | 8,10 |

4

| Land | Gebäudeart | Wohnfläche | Baujahr des Gebäudes | | | | |
|---|---|---|---|---|---|---|---|
| | | | bis 1948 | 1949 bis 1978 | 1979 bis 1990 | 1991 bis 2000 | ab 2001 |
| Niedersachsen | Einfamilienhaus | unter 60 m² | 6,62 | 6,36 | 6,31 | 7,72 | 8,40 |
| | | von 60 m² bis unter 100 m² | 5,80 | 5,93 | 5,97 | 6,70 | 6,71 |
| | | 100 m² und mehr | 5,13 | 5,64 | 5,74 | 5,84 | 6,95 |
| | Zweifamilienhaus | unter 60 m² | 6,78 | 7,21 | 7,00 | 7,23 | 7,58 |
| | | von 60 m² bis unter 100 m² | 4,98 | 5,34 | 5,25 | 5,53 | 6,48 |
| | | 100 m² und mehr | 4,52 | 4,76 | 4,68 | 5,24 | 6,24 |
| | Mietwohngrundstück | unter 60 m² | 8,07 | 8,57 | 8,28 | 9,00 | 11,22 |
| | | von 60 m² bis unter 100 m² | 6,36 | 6,62 | 6,67 | 6,98 | 8,10 |
| | | 100 m² und mehr | 6,42 | 6,01 | 6,20 | 6,48 | 8,10 |
| Nordrhein-Westfalen | Einfamilienhaus | unter 60 m² | 6,97 | 6,56 | 6,82 | 8,30 | 8,32 |
| | | von 60 m² bis unter 100 m² | 6,10 | 6,11 | 6,44 | 7,20 | 6,65 |
| | | 100 m² und mehr | 5,40 | 5,82 | 6,19 | 6,28 | 6,88 |
| | Zweifamilienhaus | unter 60 m² | 7,07 | 7,38 | 7,50 | 7,70 | 7,44 |
| | | von 60 m² bis unter 100 m² | 5,19 | 5,47 | 5,62 | 5,89 | 6,37 |
| | | 100 m² und mehr | 4,71 | 4,87 | 5,02 | 5,57 | 6,12 |
| | Mietwohngrundstück | unter 60 m² | 7,83 | 8,13 | 8,23 | 8,90 | 10,22 |
| | | von 60 m² bis unter 100 m² | 6,17 | 6,29 | 6,62 | 6,90 | 7,38 |
| | | 100 m² und mehr | 6,22 | 5,69 | 6,15 | 6,41 | 7,38 |

| Land | Gebäudeart | Wohnfläche | Baujahr des Gebäudes | | | | |
|---|---|---|---|---|---|---|---|
| | | | bis 1948 | 1949 bis 1978 | 1979 bis 1990 | 1991 bis 2000 | ab 2001 |
| Rheinland-Pfalz | Einfamilienhaus | unter 60 m² | 7,12 | 6,81 | 6,88 | 8,13 | 9,32 |
| | | von 60 m² bis unter 100 m² | 6,23 | 6,36 | 6,50 | 7,06 | 7,45 |
| | | 100 m² und mehr | 5,52 | 6,05 | 6,25 | 6,15 | 7,72 |
| | Zweifamilienhaus | unter 60 m² | 7,30 | 7,77 | 7,66 | 7,64 | 8,44 |
| | | von 60 m² bis unter 100 m² | 5,35 | 5,76 | 5,75 | 5,85 | 7,22 |
| | | 100 m² und mehr | 4,87 | 5,13 | 5,13 | 5,53 | 6,94 |
| | Mietwohngrundstück | unter 60 m² | 8,33 | 8,82 | 8,67 | 9,11 | 11,95 |
| | | von 60 m² bis unter 100 m² | 6,57 | 6,81 | 6,98 | 7,06 | 8,62 |
| | | 100 m² und mehr | 6,62 | 6,18 | 6,49 | 6,57 | 8,62 |
| Saarland | Einfamilienhaus | unter 60 m² | 6,07 | 6,18 | 6,13 | 8,39 | 9,03 |
| | | von 60 m² bis unter 100 m² | 5,32 | 5,76 | 5,79 | 7,29 | 7,21 |
| | | 100 m² und mehr | 4,71 | 5,48 | 5,57 | 6,35 | 7,47 |
| | Zweifamilienhaus | unter 60 m² | 6,33 | 7,13 | 6,93 | 8,00 | 8,30 |
| | | von 60 m² bis unter 100 m² | 4,63 | 5,28 | 5,19 | 6,13 | 7,09 |
| | | 100 m² und mehr | 4,22 | 4,71 | 4,63 | 5,80 | 6,82 |
| | Mietwohngrundstück | unter 60 m² | 7,74 | 8,70 | 8,41 | 10,24 | 12,62 |
| | | von 60 m² bis unter 100 m² | 6,10 | 6,73 | 6,77 | 7,94 | 9,10 |
| | | 100 m² und mehr | 6,15 | 6,10 | 6,30 | 7,37 | 9,10 |

4

| Land | Gebäudeart | Wohnfläche | Baujahr des Gebäudes | | | | |
|---|---|---|---|---|---|---|---|
| | | | bis 1948 | 1949 bis 1978 | 1979 bis 1990 | 1991 bis 2000 | ab 2001 |
| Sachsen | Einfamilienhaus | unter 60 m² | 6,70 | 6,21 | 5,71 | 8,23 | 8,97 |
| | | von 60 m² bis unter 100 m² | 5,87 | 5,79 | 5,39 | 7,15 | 7,17 |
| | | 100 m² und mehr | 5,19 | 5,52 | 5,19 | 6,23 | 7,43 |
| | Zweifamilienhaus | unter 60 m² | 5,92 | 6,09 | 5,47 | 6,67 | 7,00 |
| | | von 60 m² bis unter 100 m² | 4,34 | 4,51 | 4,11 | 5,11 | 5,99 |
| | | 100 m² und mehr | 3,94 | 4,01 | 3,67 | 4,83 | 5,75 |
| | Mietwohngrundstück | unter 60 m² | 7,57 | 7,77 | 6,95 | 8,93 | 11,12 |
| | | von 60 m² bis unter 100 m² | 5,98 | 6,01 | 5,60 | 6,92 | 8,02 |
| | | 100 m² und mehr | 6,02 | 5,44 | 5,20 | 6,42 | 8,02 |
| Sachsen-Anhalt | Einfamilienhaus | unter 60 m² | 6,23 | 5,78 | 5,53 | 7,43 | 7,79 |
| | | von 60 m² bis unter 100 m² | 5,45 | 5,39 | 5,22 | 6,45 | 6,23 |
| | | 100 m² und mehr | 4,83 | 5,14 | 5,02 | 5,62 | 6,45 |
| | Zweifamilienhaus | unter 60 m² | 6,19 | 6,37 | 5,96 | 6,75 | 6,83 |
| | | von 60 m² bis unter 100 m² | 4,54 | 4,72 | 4,47 | 5,17 | 5,85 |
| | | 100 m² und mehr | 4,13 | 4,20 | 3,98 | 4,89 | 5,62 |
| | Mietwohngrundstück | unter 60 m² | 7,22 | 7,41 | 6,90 | 8,24 | 9,90 |
| | | von 60 m² bis unter 100 m² | 5,69 | 5,72 | 5,55 | 6,38 | 7,14 |
| | | 100 m² und mehr | 5,74 | 5,19 | 5,16 | 5,93 | 7,14 |

| Land | Gebäudeart | Wohnfläche | Baujahr des Gebäudes | | | | |
|---|---|---|---|---|---|---|---|
| | | | bis 1948 | 1949 bis 1978 | 1979 bis 1990 | 1991 bis 2000 | ab 2001 |
| Schleswig-Holstein | Einfamilienhaus | unter 60 m² | 7,16 | 6,92 | 6,87 | 8,47 | 9,24 |
| | | von 60 m² bis unter 100 m² | 6,28 | 6,45 | 6,49 | 7,35 | 7,37 |
| | | 100 m² und mehr | 5,55 | 6,14 | 6,24 | 6,41 | 7,64 |
| | Zweifamilienhaus | unter 60 m² | 7,55 | 8,10 | 7,86 | 8,18 | 8,58 |
| | | von 60 m² bis unter 100 m² | 5,54 | 6,01 | 5,90 | 6,27 | 7,34 |
| | | 100 m² und mehr | 5,03 | 5,34 | 5,26 | 5,92 | 7,06 |
| | Mietwohngrundstück | unter 60 m² | 7,85 | 8,39 | 8,10 | 8,89 | 11,09 |
| | | von 60 m² bis unter 100 m² | 6,19 | 6,47 | 6,52 | 6,89 | 7,99 |
| | | 100 m² und mehr | 6,24 | 5,87 | 6,06 | 6,40 | 7,99 |
| Thüringen | Einfamilienhaus | unter 60 m² | 7,36 | 6,58 | 6,41 | 8,31 | 9,59 |
| | | von 60 m² bis unter 100 m² | 6,45 | 6,13 | 6,05 | 7,22 | 7,66 |
| | | 100 m² und mehr | 5,71 | 5,83 | 5,82 | 6,29 | 7,94 |
| | Zweifamilienhaus | unter 60 m² | 7,07 | 7,00 | 6,67 | 7,30 | 8,12 |
| | | von 60 m² bis unter 100 m² | 5,19 | 5,19 | 5,00 | 5,59 | 6,95 |
| | | 100 m² und mehr | 4,71 | 4,62 | 4,45 | 5,29 | 6,68 |
| | Mietwohngrundstück | unter 60 m² | 7,70 | 7,61 | 7,22 | 8,33 | 11,00 |
| | | von 60 m² bis unter 100 m² | 6,08 | 5,88 | 5,81 | 6,45 | 7,94 |
| | | 100 m² und mehr | 6,12 | 5,33 | 5,40 | 6,00 | 7,94 |

** Flächen, die zu anderen als Wohnzwecken genutzt werden, gelten als Wohnfläche. Für diese Flächen ist bei Mietwohngrundstücken die für Wohnungen mit einer Fläche unter 60 m² geltende monatliche Nettokaltmiete in Euro je Quadratmeter Nutzfläche (ohne Zubehörräume) anzusetzen. Bei Ein- und Zweifamilienhäusern sind diese Flächen zu der jeweiligen Wohnfläche zu addieren.

Mieten für Stellplätze sind mit den Mieten der vorstehenden Tabelle nicht abgegolten. Für einen **Garagenstellplatz** ist als Nettokaltmiete ein **Festwert von 35 Euro/Monat** zusätzlich anzusetzen. Der Festwert gilt pro Stellplatz. Ob es sich um einen Stellplatz in einer Einzel- oder in einer Tiefgarage handelt, ist gleichgültig.

**Hinweis:**

Der Stellplatz in einem Carport wird nicht in der Miete angesetzt. Ein Carport ist bei der Grundsteuer also zu vernachlässigen.



### Wohnfläche

Die Listenmiete bezieht sich auf die Wohnfläche. Diese ist nach der Wohnflächenverordnung zu ermitteln. In der Praxis ergibt sich die Wohnfläche aus den Berechnungen des Architekten.

**Hinweis:**

Sofern die Wohnfläche zulässigerweise bis zum 31.12.2003 nach der Zweiten Berechnungsverordnung berechnet worden ist und sich keine baulichen Änderungen ergeben haben, kann diese Berechnung hilfsweise für die Ermittlung des Verhältnisses von Wohn- und Nutzfläche zugrunde gelegt werden.

Nutzflächen von Nebenräumen, die in einem Nutzungszusammenhang mit Wohnflächen stehen, sind nicht einzubeziehen. Dazu gehören beispielsweise Nebenräume wie Keller-, Abstell-, Wasch-, Trocken- und Heizungsräume sowie Garagen.

### Mietniveaustufen

Eine Differenzierung der Listenmiete erfolgt durch die Berücksichtigung von Mietniveauunterschieden. Das führt zwischen den Gemeinden eines Landes zu Ab- oder Zuschlägen der Nettokaltmieten der Anlage 39 zum Bewertungsgesetz.

Es gelten folgende Mietniveaustufen:

| | Zu- bzw. Abschlag |
|---|---|
| **Mietniveaustufe 1** | – 20,0% |
| **Mietniveaustufe 2** | – 10,0 % |
| **Mietniveaustufe 3** | +/– 0 % |
| **Mietniveaustufe 4** | + 10,0 % |
| **Mietniveaustufe 5** | + 20,0 % |
| **Mietniveaustufe 6** | + 30,0 % |
| **Mietniveaustufe 7** | + 40,0 % |



Die gemeindebezogene Einordnung in die Mietniveaustufen ist in einer Rechtsverordnung zur Durchführung des § 254 Abs. 2 BewG veröffentlicht worden.

## Gemeindebezogene Einordnung in die Mietniveaustufen

Die Verordnung zur Einstufung der Gemeinden in eine Mietniveaustufe im Sinne des § 254 des Bewertungsgesetzes (Mietniveau-Einstufungsverordnung – MietNEinV) hat den Stand vom 19.03.2021.

Mit der Mietniveau-Einstufungsverordnung wird die erforderliche gemeindebezogene Einordnung in die jeweilige Mietniveaustufe zur Ermittlung der Zu- und Abschläge auf die aus statistischen Grundlagen abgeleiteten durchschnittlichen Nettokaltmieten gemäß Anlage 39 zum Bewertungsgesetz festgelegt. Ziel der Verordnung ist, jede Gemeinde im Bundesgebiet einer entsprechenden Mietniveaustufe zuzuordnen. Die Zuordnung der Gemeinden zu den einzelnen Mietniveaustufen erfolgt auf Grundlage des Artikels 1 der Zwölften Verordnung zur Änderung der Wohngeldverordnung vom 06.07.2020 (12. WoGVÄndV, BGBl. I S. 1594). Die Verordnung ist für die Bewertung der Wohngrundstücke erforderlich.

Die Verordnung kann auf der Homepage des Bundesfinanzministeriums eingesehen und heruntergeladen werden (www.bundesfinanzministerium.de). Die ausführliche Übersicht finden Sie auf unserer Homepage unter: www.walhalla.de/immobilien

## Bewirtschaftungskosten

Als Bewirtschaftungskosten werden die bei ordnungsgemäßer Bewirtschaftung und zulässiger Nutzung marktüblich entstehenden jährlichen

- Verwaltungskosten,
- Betriebskosten,
- Instandhaltungskosten und das
- Mietausfallwagnis



berücksichtigt, die nicht durch Umlagen oder sonstige Kostenübernahmen gedeckt sind.

Die pauschalierten Bewirtschaftungskosten für Verwaltung, Instandhaltung und Mietausfallwagnis in Prozent der Jahresmiete oder der üblichen Jahresmiete (ohne Betriebskosten) ergeben sich aus der nachstehend abgedruckten Anlage 40 zum Bewertungsgesetz.

| Restnutzungsdauer | Grundstücksart | | |
|---|---|---|---|
| | 1 | 2 | 3 |
| | Ein- und Zweifamilienhäuser | Wohnungs- und Teileigentum | Mietwohngrundstück |
| ≥ 60 Jahre | 18 % | 23 % | 21 % |
| 40 bis 59 Jahre | 21 % | 25 % | 23 % |
| 20 bis 39 Jahre | 25 % | 29 % | 27 % |
| < 20 Jahre | 27 % | 31 % | 29 % |

## Ermittlung des abgezinsten Bodenwerts

Zur Ermittlung des abgezinsten Bodenwerts ist vom Bodenwert auszugehen. Dieser ist mit dem sich aus der Anlage 41 zum Bewertungsgesetz ergebenden Abzinsungsfaktor abzuzinsen.

### Abweichende Grundstücksgrößen bei Ein- und Zweifamilienhäusern

Eine Besonderheit gilt für Ein- und Zweifamilienhäuser.

Der Bodenwert steigt bei kleiner werdenden Grundstücken ab einer Grundstücksgröße von ca. 500 Quadratmetern regelmäßig überproportional an. Bei größer werdenden Grundstücken geht die Minderung des Quadratmeterpreises im Verhältnis zur Fläche hingegen zurück und vermindert sich bei einer Grundstücksgröße von über 2.000 Quadratmeter nur noch marginal.



Diese Wertabhängigkeit des Bodenrichtwerts in Relation zur Fläche ist insbesondere bei Ein- und Zweifamilienhausgrundstücken gegeben. Im typisierten Ertragswertverfahren werden aus Vereinfachungsgründen für die Bewertung von Ein- und Zweifamilienhäusern zur Berücksichtigung abweichender Grundstücksgrößen beim Bodenwert in der Anlage 36 zum Bewertungsgesetz Umrechnungskoeffizienten vorgegeben. Veröffentlichungen der örtlichen Gutachterausschüsse zu entsprechenden Umrechnungskoeffizienten sind insoweit für Zwecke der Ermittlung von Grundsteuerwerten nicht zu berücksichtigen.

### Umrechnungskoeffizienten nach Anlage 36

Es gelten folgende Umrechnungskoeffizienten der Anlage 36 zum Bewertungsgesetz zur Berücksichtigung abweichender Grundstücksgrößen beim Bodenwert von Ein- und Zweifamilienhäusern:

| Grundstücksgröße | Umrechnungskoeffizient |
|---|---|
| $< 250$ m² | 1,24 |
| $\geq 250$ m² | 1,19 |
| $\geq 300$ m² | 1,14 |

| Grundstücksgröße | Umrechnungskoeffizient |
|---|---|
| ≥ 350 m² | 1,10 |
| ≥ 400 m² | 1,06 |
| ≥ 450 m² | 1,03 |
| ≥ 500 m² | 1,00 |
| ≥ 550 m² | 0,98 |
| ≥ 600 m² | 0,95 |
| ≥ 650 m² | 0,94 |
| ≥ 700 m² | 0,92 |
| ≥ 750 m² | 0,90 |
| ≥ 800 m² | 0,89 |
| ≥ 850 m² | 0,87 |
| ≥ 900 m² | 0,86 |
| ≥ 950 m² | 0,85 |
| ≥ 1.000 m² | 0,84 |
| ≥ 1.050 m² | 0,83 |
| ≥ 1.100 m² | 0,82 |
| ≥ 1.150 m² | 0,81 |
| ≥ 1.200 m² | 0,80 |
| ≥ 1.250 m² | 0,79 |
| ≥ 1.300 m² | 0,78 |
| ≥ 1.350 m² | 0,77 |
| ≥ 1.400 m² | 0,76 |
| ≥ 1.450 m² | 0,75 |
| ≥ 1.500 m² | 0,74 |
| ≥ 1.550 m² | 0,73 |
| ≥ 1.600 m² | 0,72 |
| ≥ 1.650 m² | 0,71 |
| ≥ 1.700 m² | 0,70 |
| ≥ 1.750 m² | 0,69 |
| ≥ 1.800 m² | 0,68 |

| Grundstücksgröße | Umrechnungskoeffizient |
|---|---|
| ≥ 1.850 m² | 0,67 |
| ≥ 1.900 m² | 0,66 |
| ≥ 1.950 m² | 0,65 |
| ≥ 2.000 m² | 0,64 |

**Beispiel 1:**

Ein unbebautes Grundstück hat eine Grundstücksgröße von 920 m², der Bodenrichtwert beträgt 1.200 Euro/m².

Aus Anlage 36 zum BewG ergibt sich bei einer Grundstücksgröße von über 900 m² ein Umrechnungskoeffizient von 0,86. Somit errechnet sich der für die weiteren Berechnungen maßgebende Bodenwert sich wie folgt:

Grundstücksgröße x Bodenrichtwert x Umrechnungskoeffizient = 920 m² x 1.200 Euro/m² x 0,86 = 949.440 Euro

Der auf volle 100 Euro abgerundete Grundsteuerwert beträgt somit 949.400 Euro.

**Beispiel 2:**

Der im Rahmen des Ertragswertverfahrens für ein Einfamilienhaus ermittelte Grundsteuerwert beträgt 650.600 Euro. Das Grundstück hat eine Grundstücksgröße von 920 m², der Bodenrichtwert beträgt 1.200 Euro/m².

Aus Anlage 36 zum BewG ergibt sich bei einer Grundstücksgröße von über 900 m² ein Umrechnungskoeffizient von 0,86. Dieser ist auch bei der Ermittlung des Mindestwerts zu berücksichtigen. Der Mindestwert errechnet sich wie folgt:

Grundstücksgröße x Bodenrichtwert x Umrechnungskoeffizient x 75 % = 920 m² x 1.200 Euro/m² x 0,86 x 75 % = 712.080 Euro

Der auf volle 100 Euro nach unten abgerundete Grundsteuerwert beträgt somit 712.000 Euro.

4

## Abzinsungsfaktor

Der jeweilige Abzinsungsfaktor bestimmt sich nach dem

- Liegenschaftszinssatz und der
- Restnutzungsdauer des Gebäudes.

Die maßgebenden Abzinsungsfaktoren ergeben sich aus der nachstehend abgedruckten Anlage 41 zum Bewertungsgesetz.

| Restnutzungsdauer (Jahre) | Zinssatz | | | | | | | | | | |
|---|---|---|---|---|---|---|---|---|---|---|---|
| | 1,5 % | 1,6 % | 1,7 % | 1,8 % | 1,9 % | 2,0 % | 2,1 % | 2,2 % | 2,3 % | 2,4 % | 2,5 % |
| 1 | 0,9852 | 0,9843 | 0,9833 | 0,9823 | 0,9814 | 0,9804 | 0,9794 | 0,9785 | 0,9775 | 0,9766 | 0,9756 |
| 2 | 0,9707 | 0,9688 | 0,9668 | 0,9649 | 0,9631 | 0,9612 | 0,9593 | 0,9574 | 0,9555 | 0,9537 | 0,9518 |
| 3 | 0,9563 | 0,9535 | 0,9507 | 0,9479 | 0,9451 | 0,9423 | 0,9396 | 0,9368 | 0,9341 | 0,9313 | 0,9286 |
| 4 | 0,9422 | 0,9385 | 0,9348 | 0,9311 | 0,9275 | 0,9238 | 0,9202 | 0,9166 | 0,9131 | 0,9095 | 0,9060 |
| 5 | 0,9283 | 0,9237 | 0,9192 | 0,9147 | 0,9102 | 0,9057 | 0,9013 | 0,8969 | 0,8925 | 0,8882 | 0,8839 |
| 6 | 0,9145 | 0,9092 | 0,9038 | 0,8985 | 0,8932 | 0,8880 | 0,8828 | 0,8776 | 0,8725 | 0,8674 | 0,8623 |
| 7 | 0,9010 | 0,8948 | 0,8887 | 0,8826 | 0,8766 | 0,8706 | 0,8646 | 0,8587 | 0,8528 | 0,8470 | 0,8413 |
| 8 | 0,8877 | 0,8807 | 0,8738 | 0,8670 | 0,8602 | 0,8535 | 0,8468 | 0,8402 | 0,8337 | 0,8272 | 0,8207 |
| 9 | 0,8746 | 0,8669 | 0,8592 | 0,8517 | 0,8442 | 0,8368 | 0,8294 | 0,8221 | 0,8149 | 0,8078 | 0,8007 |
| 10 | 0,8617 | 0,8532 | 0,8449 | 0,8366 | 0,8284 | 0,8203 | 0,8123 | 0,8044 | 0,7966 | 0,7889 | 0,7812 |
| 11 | 0,8489 | 0,8398 | 0,8307 | 0,8218 | 0,8130 | 0,8043 | 0,7956 | 0,7871 | 0,7787 | 0,7704 | 0,7621 |
| 12 | 0,8364 | 0,8266 | 0,8169 | 0,8073 | 0,7978 | 0,7885 | 0,7793 | 0,7702 | 0,7612 | 0,7523 | 0,7436 |
| 13 | 0,8240 | 0,8135 | 0,8032 | 0,7930 | 0,7830 | 0,7730 | 0,7632 | 0,7536 | 0,7441 | 0,7347 | 0,7254 |
| 14 | 0,8118 | 0,8007 | 0,7898 | 0,7790 | 0,7684 | 0,7579 | 0,7475 | 0,7374 | 0,7273 | 0,7175 | 0,7077 |
| 15 | 0,7999 | 0,7881 | 0,7766 | 0,7652 | 0,7540 | 0,7430 | 0,7322 | 0,7215 | 0,7110 | 0,7006 | 0,6905 |
| 16 | 0,7880 | 0,7757 | 0,7636 | 0,7517 | 0,7400 | 0,7284 | 0,7171 | 0,7060 | 0,6950 | 0,6842 | 0,6736 |
| 17 | 0,7764 | 0,7635 | 0,7508 | 0,7384 | 0,7262 | 0,7142 | 0,7024 | 0,6908 | 0,6794 | 0,6682 | 0,6572 |
| 18 | 0,7649 | 0,7515 | 0,7383 | 0,7253 | 0,7126 | 0,7002 | 0,6879 | 0,6759 | 0,6641 | 0,6525 | 0,6412 |
| 19 | 0,7536 | 0,7396 | 0,7259 | 0,7125 | 0,6993 | 0,6864 | 0,6738 | 0,6614 | 0,6492 | 0,6372 | 0,6255 |
| 20 | 0,7425 | 0,7280 | 0,7138 | 0,6999 | 0,6863 | 0,6730 | 0,6599 | 0,6471 | 0,6346 | 0,6223 | 0,6103 |
| 21 | 0,7315 | 0,7165 | 0,7019 | 0,6875 | 0,6735 | 0,6598 | 0,6463 | 0,6332 | 0,6203 | 0,6077 | 0,5954 |

| Restnutzungsdauer (Jahre) | Zinssatz | | | | | | | | | | |
|---|---|---|---|---|---|---|---|---|---|---|---|
| | 1,5 % | 1,6 % | 1,7 % | 1,8 % | 1,9 % | 2,0 % | 2,1 % | 2,2 % | 2,3 % | 2,4 % | 2,5 % |
| 22 | 0,7207 | 0,7052 | 0,6901 | 0,6754 | 0,6609 | 0,6468 | 0,6330 | 0,6196 | 0,6064 | 0,5935 | 0,5809 |
| 23 | 0,7100 | 0,6941 | 0,6786 | 0,6634 | 0,6486 | 0,6342 | 0,6200 | 0,6062 | 0,5927 | 0,5796 | 0,5667 |
| 24 | 0,6995 | 0,6832 | 0,6673 | 0,6517 | 0,6365 | 0,6217 | 0,6073 | 0,5932 | 0,5794 | 0,5660 | 0,5529 |
| 25 | 0,6892 | 0,6724 | 0,6561 | 0,6402 | 0,6247 | 0,6095 | 0,5948 | 0,5804 | 0,5664 | 0,5527 | 0,5394 |
| 26 | 0,6790 | 0,6619 | 0,6451 | 0,6289 | 0,6130 | 0,5976 | 0,5825 | 0,5679 | 0,5536 | 0,5398 | 0,5262 |
| 27 | 0,6690 | 0,6514 | 0,6344 | 0,6177 | 0,6016 | 0,5859 | 0,5706 | 0,5557 | 0,5412 | 0,5271 | 0,5134 |
| 28 | 0,6591 | 0,6412 | 0,6238 | 0,6068 | 0,5904 | 0,5744 | 0,5588 | 0,5437 | 0,5290 | 0,5148 | 0,5009 |
| 29 | 0,6494 | 0,6311 | 0,6133 | 0,5961 | 0,5794 | 0,5631 | 0,5473 | 0,5320 | 0,5171 | 0,5027 | 0,4887 |
| 30 | 0,6398 | 0,6211 | 0,6031 | 0,5856 | 0,5686 | 0,5521 | 0,5361 | 0,5206 | 0,5055 | 0,4909 | 0,4767 |
| 31 | 0,6303 | 0,6114 | 0,5930 | 0,5752 | 0,5580 | 0,5412 | 0,5251 | 0,5094 | 0,4941 | 0,4794 | 0,4651 |
| 32 | 0,6210 | 0,6017 | 0,5831 | 0,5650 | 0,5476 | 0,5306 | 0,5143 | 0,4984 | 0,4830 | 0,4682 | 0,4538 |
| 33 | 0,6118 | 0,5923 | 0,5733 | 0,5550 | 0,5373 | 0,5202 | 0,5037 | 0,4877 | 0,4722 | 0,4572 | 0,4427 |
| 34 | 0,6028 | 0,5829 | 0,5638 | 0,5452 | 0,5273 | 0,5100 | 0,4933 | 0,4772 | 0,4616 | 0,4465 | 0,4319 |
| 35 | 0,5939 | 0,5737 | 0,5543 | 0,5356 | 0,5175 | 0,5000 | 0,4832 | 0,4669 | 0,4512 | 0,4360 | 0,4214 |
| 36 | 0,5851 | 0,5647 | 0,5451 | 0,5261 | 0,5078 | 0,4902 | 0,4732 | 0,4568 | 0,4410 | 0,4258 | 0,4111 |
| 37 | 0,5764 | 0,5558 | 0,5360 | 0,5168 | 0,4984 | 0,4806 | 0,4635 | 0,4470 | 0,4311 | 0,4158 | 0,4011 |
| 38 | 0,5679 | 0,5471 | 0,5270 | 0,5077 | 0,4891 | 0,4712 | 0,4540 | 0,4374 | 0,4214 | 0,4061 | 0,3913 |
| 39 | 0,5595 | 0,5385 | 0,5182 | 0,4987 | 0,4800 | 0,4619 | 0,4446 | 0,4280 | 0,4120 | 0,3966 | 0,3817 |
| 40 | 0,5513 | 0,5300 | 0,5095 | 0,4899 | 0,4710 | 0,4529 | 0,4355 | 0,4188 | 0,4027 | 0,3873 | 0,3724 |
| 41 | 0,5431 | 0,5216 | 0,5010 | 0,4812 | 0,4622 | 0,4440 | 0,4265 | 0,4097 | 0,3936 | 0,3782 | 0,3633 |
| 42 | 0,5351 | 0,5134 | 0,4926 | 0,4727 | 0,4536 | 0,4353 | 0,4178 | 0,4009 | 0,3848 | 0,3693 | 0,3545 |
| 43 | 0,5272 | 0,5053 | 0,4844 | 0,4644 | 0,4452 | 0,4268 | 0,4092 | 0,3923 | 0,3761 | 0,3607 | 0,3458 |
| 44 | 0,5194 | 0,4974 | 0,4763 | 0,4561 | 0,4369 | 0,4184 | 0,4007 | 0,3838 | 0,3677 | 0,3522 | 0,3374 |
| 45 | 0,5117 | 0,4895 | 0,4683 | 0,4481 | 0,4287 | 0,4102 | 0,3925 | 0,3756 | 0,3594 | 0,3440 | 0,3292 |
| 46 | 0,5042 | 0,4818 | 0,4605 | 0,4402 | 0,4207 | 0,4022 | 0,3844 | 0,3675 | 0,3513 | 0,3359 | 0,3211 |
| 47 | 0,4967 | 0,4742 | 0,4528 | 0,4324 | 0,4129 | 0,3943 | 0,3765 | 0,3596 | 0,3434 | 0,3280 | 0,3133 |
| 48 | 0,4894 | 0,4668 | 0,4452 | 0,4247 | 0,4052 | 0,3865 | 0,3688 | 0,3518 | 0,3357 | 0,3203 | 0,3057 |

| Restnutzungsdauer (Jahre) | Zinssatz | | | | | | | | | | |
|---|---|---|---|---|---|---|---|---|---|---|---|
| | 1,5 % | 1,6 % | 1,7 % | 1,8 % | 1,9 % | 2,0 % | 2,1 % | 2,2 % | 2,3 % | 2,4 % | 2,5 % |
| 49 | 0,4821 | 0,4594 | 0,4378 | 0,4172 | 0,3976 | 0,3790 | 0,3612 | 0,3443 | 0,3282 | 0,3128 | 0,2982 |
| 50 | 0,4750 | 0,4522 | 0,4305 | 0,4098 | 0,3902 | 0,3715 | 0,3538 | 0,3369 | 0,3208 | 0,3055 | 0,2909 |
| 51 | 0,4680 | 0,4451 | 0,4233 | 0,4026 | 0,3829 | 0,3642 | 0,3465 | 0,3296 | 0,3136 | 0,2983 | 0,2838 |
| 52 | 0,4611 | 0,4381 | 0,4162 | 0,3955 | 0,3758 | 0,3571 | 0,3394 | 0,3225 | 0,3065 | 0,2913 | 0,2769 |
| 53 | 0,4543 | 0,4312 | 0,4093 | 0,3885 | 0,3688 | 0,3501 | 0,3324 | 0,3156 | 0,2996 | 0,2845 | 0,2702 |
| 54 | 0,4475 | 0,4244 | 0,4024 | 0,3816 | 0,3619 | 0,3432 | 0,3255 | 0,3088 | 0,2929 | 0,2778 | 0,2636 |
| 55 | 0,4409 | 0,4177 | 0,3957 | 0,3749 | 0,3552 | 0,3365 | 0,3188 | 0,3021 | 0,2863 | 0,2713 | 0,2572 |
| 56 | 0,4344 | 0,4111 | 0,3891 | 0,3682 | 0,3485 | 0,3299 | 0,3123 | 0,2956 | 0,2799 | 0,2650 | 0,2509 |
| 57 | 0,4280 | 0,4046 | 0,3826 | 0,3617 | 0,3420 | 0,3234 | 0,3059 | 0,2893 | 0,2736 | 0,2588 | 0,2448 |
| 58 | 0,4217 | 0,3983 | 0,3762 | 0,3553 | 0,3357 | 0,3171 | 0,2996 | 0,2830 | 0,2674 | 0,2527 | 0,2388 |
| 59 | 0,4154 | 0,3920 | 0,3699 | 0,3490 | 0,3294 | 0,3109 | 0,2934 | 0,2769 | 0,2614 | 0,2468 | 0,2330 |
| 60 | 0,4093 | 0,3858 | 0,3637 | 0,3429 | 0,3233 | 0,3048 | 0,2874 | 0,2710 | 0,2555 | 0,2410 | 0,2273 |
| 61 | 0,4032 | 0,3797 | 0,3576 | 0,3368 | 0,3172 | 0,2988 | 0,2815 | 0,2652 | 0,2498 | 0,2353 | 0,2217 |
| 62 | 0,3973 | 0,3738 | 0,3516 | 0,3309 | 0,3113 | 0,2929 | 0,2757 | 0,2594 | 0,2442 | 0,2298 | 0,2163 |
| 63 | 0,3914 | 0,3679 | 0,3458 | 0,3250 | 0,3055 | 0,2872 | 0,2700 | 0,2539 | 0,2387 | 0,2244 | 0,2111 |
| 64 | 0,3856 | 0,3621 | 0,3400 | 0,3193 | 0,2998 | 0,2816 | 0,2645 | 0,2484 | 0,2333 | 0,2192 | 0,2059 |
| 65 | 0,3799 | 0,3564 | 0,3343 | 0,3136 | 0,2942 | 0,2761 | 0,2590 | 0,2430 | 0,2281 | 0,2140 | 0,2009 |
| 66 | 0,3743 | 0,3508 | 0,3287 | 0,3081 | 0,2887 | 0,2706 | 0,2537 | 0,2378 | 0,2230 | 0,2090 | 0,1960 |
| 67 | 0,3688 | 0,3452 | 0,3232 | 0,3026 | 0,2834 | 0,2653 | 0,2485 | 0,2327 | 0,2179 | 0,2041 | 0,1912 |
| 68 | 0,3633 | 0,3398 | 0,3178 | 0,2973 | 0,2781 | 0,2601 | 0,2434 | 0,2277 | 0,2130 | 0,1993 | 0,1865 |
| 69 | 0,3580 | 0,3345 | 0,3125 | 0,2920 | 0,2729 | 0,2550 | 0,2384 | 0,2228 | 0,2082 | 0,1947 | 0,1820 |
| 70 | 0,3527 | 0,3292 | 0,3073 | 0,2869 | 0,2678 | 0,2500 | 0,2335 | 0,2180 | 0,2036 | 0,1901 | 0,1776 |
| 71 | 0,3475 | 0,3240 | 0,3021 | 0,2818 | 0,2628 | 0,2451 | 0,2287 | 0,2133 | 0,1990 | 0,1857 | 0,1732 |
| 72 | 0,3423 | 0,3189 | 0,2971 | 0,2768 | 0,2579 | 0,2403 | 0,2239 | 0,2087 | 0,1945 | 0,1813 | 0,1690 |
| 73 | 0,3373 | 0,3139 | 0,2921 | 0,2719 | 0,2531 | 0,2356 | 0,2193 | 0,2042 | 0,1901 | 0,1771 | 0,1649 |
| 74 | 0,3323 | 0,3089 | 0,2872 | 0,2671 | 0,2484 | 0,2310 | 0,2148 | 0,1998 | 0,1859 | 0,1729 | 0,1609 |
| 75 | 0,3274 | 0,3041 | 0,2824 | 0,2624 | 0,2437 | 0,2265 | 0,2104 | 0,1955 | 0,1817 | 0,1689 | 0,1569 |

| Restnutzungsdauer (Jahre) | Zinssatz | | | | | | | | | | |
|---|---|---|---|---|---|---|---|---|---|---|---|
| | 1,5 % | 1,6 % | 1,7 % | 1,8 % | 1,9 % | 2,0 % | 2,1 % | 2,2 % | 2,3 % | 2,4 % | 2,5 % |
| 76 | 0,3225 | 0,2993 | 0,2777 | 0,2577 | 0,2392 | 0,2220 | 0,2061 | 0,1913 | 0,1776 | 0,1649 | 0,1531 |
| 77 | 0,3178 | 0,2946 | 0,2731 | 0,2532 | 0,2347 | 0,2177 | 0,2018 | 0,1872 | 0,1736 | 0,1610 | 0,1494 |
| 78 | 0,3131 | 0,2899 | 0,2685 | 0,2487 | 0,2304 | 0,2134 | 0,1977 | 0,1832 | 0,1697 | 0,1573 | 0,1457 |
| 79 | 0,3084 | 0,2854 | 0,2640 | 0,2443 | 0,2261 | 0,2092 | 0,1936 | 0,1792 | 0,1659 | 0,1536 | 0,1422 |
| 80 | 0,3039 | 0,2809 | 0,2596 | 0,2400 | 0,2219 | 0,2051 | 0,1896 | 0,1754 | 0,1622 | 0,1500 | 0,1387 |
| 81 | 0,2994 | 0,2764 | 0,2553 | 0,2357 | 0,2177 | 0,2011 | 0,1857 | 0,1716 | 0,1585 | 0,1465 | 0,1353 |
| 82 | 0,2950 | 0,2721 | 0,2510 | 0,2316 | 0,2137 | 0,1971 | 0,1819 | 0,1679 | 0,1550 | 0,1430 | 0,1320 |
| 83 | 0,2906 | 0,2678 | 0,2468 | 0,2275 | 0,2097 | 0,1933 | 0,1782 | 0,1643 | 0,1515 | 0,1397 | 0,1288 |
| 84 | 0,2863 | 0,2636 | 0,2427 | 0,2235 | 0,2058 | 0,1895 | 0,1745 | 0,1607 | 0,1481 | 0,1364 | 0,1257 |
| 85 | 0,2821 | 0,2594 | 0,2386 | 0,2195 | 0,2019 | 0,1858 | 0,1709 | 0,1573 | 0,1447 | 0,1332 | 0,1226 |
| 86 | 0,2779 | 0,2554 | 0,2346 | 0,2156 | 0,1982 | 0,1821 | 0,1674 | 0,1539 | 0,1415 | 0,1301 | 0,1196 |
| 87 | 0,2738 | 0,2513 | 0,2307 | 0,2118 | 0,1945 | 0,1786 | 0,1640 | 0,1506 | 0,1383 | 0,1270 | 0,1167 |
| 88 | 0,2698 | 0,2474 | 0,2269 | 0,2081 | 0,1908 | 0,1751 | 0,1606 | 0,1473 | 0,1352 | 0,1241 | 0,1138 |
| 89 | 0,2658 | 0,2435 | 0,2231 | 0,2044 | 0,1873 | 0,1716 | 0,1573 | 0,1442 | 0,1322 | 0,1211 | 0,1111 |
| 90 | 0,2619 | 0,2396 | 0,2193 | 0,2008 | 0,1838 | 0,1683 | 0,1541 | 0,1411 | 0,1292 | 0,1183 | 0,1084 |
| 91 | 0,2580 | 0,2359 | 0,2157 | 0,1972 | 0,1804 | 0,1650 | 0,1509 | 0,1380 | 0,1263 | 0,1155 | 0,1057 |
| 92 | 0,2542 | 0,2322 | 0,2121 | 0,1937 | 0,1770 | 0,1617 | 0,1478 | 0,1351 | 0,1234 | 0,1128 | 0,1031 |
| 93 | 0,2504 | 0,2285 | 0,2085 | 0,1903 | 0,1737 | 0,1586 | 0,1447 | 0,1321 | 0,1207 | 0,1102 | 0,1006 |
| 94 | 0,2467 | 0,2249 | 0,2050 | 0,1869 | 0,1705 | 0,1554 | 0,1418 | 0,1293 | 0,1179 | 0,1076 | 0,0982 |
| 95 | 0,2431 | 0,2214 | 0,2016 | 0,1836 | 0,1673 | 0,1524 | 0,1389 | 0,1265 | 0,1153 | 0,1051 | 0,0958 |
| 96 | 0,2395 | 0,2179 | 0,1982 | 0,1804 | 0,1642 | 0,1494 | 0,1360 | 0,1238 | 0,1127 | 0,1026 | 0,0934 |
| 97 | 0,2359 | 0,2144 | 0,1949 | 0,1772 | 0,1611 | 0,1465 | 0,1332 | 0,1211 | 0,1102 | 0,1002 | 0,0912 |
| 98 | 0,2324 | 0,2111 | 0,1917 | 0,1741 | 0,1581 | 0,1436 | 0,1305 | 0,1185 | 0,1077 | 0,0979 | 0,0889 |
| 99 | 0,2290 | 0,2077 | 0,1885 | 0,1710 | 0,1552 | 0,1408 | 0,1278 | 0,1160 | 0,1053 | 0,0956 | 0,0868 |
| 100 | 0,2256 | 0,2045 | 0,1853 | 0,1680 | 0,1523 | 0,1380 | 0,1251 | 0,1135 | 0,1029 | 0,0933 | 0,0846 |

| Rest-nut-zungs-dauer (Jahre) | Zinssatz | | | | | | | |
|---|---|---|---|---|---|---|---|---|
| | 2,6 % | 2,7 % | 2,8 % | 2,9 % | 3,0 % | 3,5 % | 4,0 % | 4,5 % |
| 1 | 0,9747 | 0,9737 | 0,9728 | 0,9718 | 0,9709 | 0,9662 | 0,9615 | 0,9569 |
| 2 | 0,9500 | 0,9481 | 0,9463 | 0,9444 | 0,9426 | 0,9335 | 0,9246 | 0,9157 |
| 3 | 0,9259 | 0,9232 | 0,9205 | 0,9178 | 0,9151 | 0,9019 | 0,8890 | 0,8763 |
| 4 | 0,9024 | 0,8989 | 0,8954 | 0,8919 | 0,8885 | 0,8714 | 0,8548 | 0,8386 |
| 5 | 0,8796 | 0,8753 | 0,8710 | 0,8668 | 0,8626 | 0,8420 | 0,8219 | 0,8025 |
| 6 | 0,8573 | 0,8523 | 0,8473 | 0,8424 | 0,8375 | 0,8135 | 0,7903 | 0,7679 |
| 7 | 0,8355 | 0,8299 | 0,8242 | 0,8186 | 0,8131 | 0,7860 | 0,7599 | 0,7348 |
| 8 | 0,8144 | 0,8080 | 0,8018 | 0,7956 | 0,7894 | 0,7594 | 0,7307 | 0,7032 |
| 9 | 0,7937 | 0,7868 | 0,7799 | 0,7731 | 0,7664 | 0,7337 | 0,7026 | 0,6729 |
| 10 | 0,7736 | 0,7661 | 0,7587 | 0,7514 | 0,7441 | 0,7089 | 0,6756 | 0,6439 |
| 11 | 0,7540 | 0,7460 | 0,7380 | 0,7302 | 0,7224 | 0,6849 | 0,6496 | 0,6162 |
| 12 | 0,7349 | 0,7264 | 0,7179 | 0,7096 | 0,7014 | 0,6618 | 0,6246 | 0,5897 |
| 13 | 0,7163 | 0,7073 | 0,6984 | 0,6896 | 0,6810 | 0,6394 | 0,6006 | 0,5643 |
| 14 | 0,6981 | 0,6887 | 0,6794 | 0,6702 | 0,6611 | 0,6178 | 0,5775 | 0,5400 |
| 15 | 0,6804 | 0,6706 | 0,6609 | 0,6513 | 0,6419 | 0,5969 | 0,5553 | 0,5167 |
| 16 | 0,6632 | 0,6529 | 0,6429 | 0,6329 | 0,6232 | 0,5767 | 0,5339 | 0,4945 |
| 17 | 0,6464 | 0,6358 | 0,6253 | 0,6151 | 0,6050 | 0,5572 | 0,5134 | 0,4732 |
| 18 | 0,6300 | 0,6191 | 0,6083 | 0,5978 | 0,5874 | 0,5384 | 0,4936 | 0,4528 |
| 19 | 0,6140 | 0,6028 | 0,5917 | 0,5809 | 0,5703 | 0,5202 | 0,4746 | 0,4333 |
| 20 | 0,5985 | 0,5869 | 0,5756 | 0,5645 | 0,5537 | 0,5026 | 0,4564 | 0,4146 |
| 21 | 0,5833 | 0,5715 | 0,5599 | 0,5486 | 0,5375 | 0,4856 | 0,4388 | 0,3968 |
| 22 | 0,5685 | 0,5565 | 0,5447 | 0,5332 | 0,5219 | 0,4692 | 0,4220 | 0,3797 |
| 23 | 0,5541 | 0,5419 | 0,5299 | 0,5181 | 0,5067 | 0,4533 | 0,4057 | 0,3634 |
| 24 | 0,5401 | 0,5276 | 0,5154 | 0,5035 | 0,4919 | 0,4380 | 0,3901 | 0,3477 |
| 25 | 0,5264 | 0,5137 | 0,5014 | 0,4893 | 0,4776 | 0,4231 | 0,3751 | 0,3327 |
| 26 | 0,5131 | 0,5002 | 0,4877 | 0,4756 | 0,4637 | 0,4088 | 0,3607 | 0,3184 |
| 27 | 0,5001 | 0,4871 | 0,4744 | 0,4622 | 0,4502 | 0,3950 | 0,3468 | 0,3047 |
| 28 | 0,4874 | 0,4743 | 0,4615 | 0,4491 | 0,4371 | 0,3817 | 0,3335 | 0,2916 |

| Restnutzungsdauer (Jahre) | Zinssatz | | | | | | | |
|---|---|---|---|---|---|---|---|---|
| | 2,6 % | 2,7 % | 2,8 % | 2,9 % | 3,0 % | 3,5 % | 4,0 % | 4,5 % |
| 29 | 0,4750 | 0,4618 | 0,4490 | 0,4365 | 0,4243 | 0,3687 | 0,3207 | 0,2790 |
| 30 | 0,4630 | 0,4497 | 0,4367 | 0,4242 | 0,4120 | 0,3563 | 0,3083 | 0,2670 |
| 31 | 0,4513 | 0,4378 | 0,4248 | 0,4122 | 0,4000 | 0,3442 | 0,2965 | 0,2555 |
| 32 | 0,4398 | 0,4263 | 0,4133 | 0,4006 | 0,3883 | 0,3326 | 0,2851 | 0,2445 |
| 33 | 0,4287 | 0,4151 | 0,4020 | 0,3893 | 0,3770 | 0,3213 | 0,2741 | 0,2340 |
| 34 | 0,4178 | 0,4042 | 0,3911 | 0,3783 | 0,3660 | 0,3105 | 0,2636 | 0,2239 |
| 35 | 0,4072 | 0,3936 | 0,3804 | 0,3677 | 0,3554 | 0,3000 | 0,2534 | 0,2143 |
| 36 | 0,3969 | 0,3832 | 0,3700 | 0,3573 | 0,3450 | 0,2898 | 0,2437 | 0,2050 |
| 37 | 0,3869 | 0,3732 | 0,3600 | 0,3472 | 0,3350 | 0,2800 | 0,2343 | 0,1962 |
| 38 | 0,3771 | 0,3633 | 0,3502 | 0,3375 | 0,3252 | 0,2706 | 0,2253 | 0,1878 |
| 39 | 0,3675 | 0,3538 | 0,3406 | 0,3279 | 0,3158 | 0,2614 | 0,2166 | 0,1797 |
| 40 | 0,3582 | 0,3445 | 0,3313 | 0,3187 | 0,3066 | 0,2526 | 0,2083 | 0,1719 |
| 41 | 0,3491 | 0,3354 | 0,3223 | 0,3097 | 0,2976 | 0,2440 | 0,2003 | 0,1645 |
| 42 | 0,3403 | 0,3266 | 0,3135 | 0,3010 | 0,2890 | 0,2358 | 0,1926 | 0,1574 |
| 43 | 0,3316 | 0,3180 | 0,3050 | 0,2925 | 0,2805 | 0,2278 | 0,1852 | 0,1507 |
| 44 | 0,3232 | 0,3097 | 0,2967 | 0,2843 | 0,2724 | 0,2201 | 0,1780 | 0,1442 |
| 45 | 0,3150 | 0,3015 | 0,2886 | 0,2763 | 0,2644 | 0,2127 | 0,1712 | 0,1380 |
| 46 | 0,3071 | 0,2936 | 0,2807 | 0,2685 | 0,2567 | 0,2055 | 0,1646 | 0,1320 |
| 47 | 0,2993 | 0,2859 | 0,2731 | 0,2609 | 0,2493 | 0,1985 | 0,1583 | 0,1263 |
| 48 | 0,2917 | 0,2784 | 0,2657 | 0,2535 | 0,2420 | 0,1918 | 0,1522 | 0,1209 |
| 49 | 0,2843 | 0,2710 | 0,2584 | 0,2464 | 0,2350 | 0,1853 | 0,1463 | 0,1157 |
| 50 | 0,2771 | 0,2639 | 0,2514 | 0,2395 | 0,2281 | 0,1791 | 0,1407 | 0,1107 |
| 51 | 0,2701 | 0,2570 | 0,2445 | 0,2327 | 0,2215 | 0,1730 | 0,1353 | 0,1059 |
| 52 | 0,2632 | 0,2502 | 0,2379 | 0,2262 | 0,2150 | 0,1671 | 0,1301 | 0,1014 |
| 53 | 0,2566 | 0,2437 | 0,2314 | 0,2198 | 0,2088 | 0,1615 | 0,1251 | 0,0970 |
| 54 | 0,2501 | 0,2372 | 0,2251 | 0,2136 | 0,2027 | 0,1560 | 0,1203 | 0,0928 |
| 55 | 0,2437 | 0,2310 | 0,2190 | 0,2076 | 0,1968 | 0,1508 | 0,1157 | 0,0888 |
| 56 | 0,2375 | 0,2249 | 0,2130 | 0,2017 | 0,1910 | 0,1457 | 0,1112 | 0,0850 |

| Restnutzungsdauer (Jahre) | Zinssatz | | | | | | | |
|---|---|---|---|---|---|---|---|---|
| | 2,6 % | 2,7 % | 2,8 % | 2,9 % | 3,0 % | 3,5 % | 4,0 % | 4,5 % |
| 57 | 0,2315 | 0,2190 | 0,2072 | 0,1960 | 0,1855 | 0,1407 | 0,1069 | 0,0814 |
| 58 | 0,2257 | 0,2133 | 0,2016 | 0,1905 | 0,1801 | 0,1360 | 0,1028 | 0,0778 |
| 59 | 0,2199 | 0,2077 | 0,1961 | 0,1851 | 0,1748 | 0,1314 | 0,0989 | 0,0745 |
| 60 | 0,2144 | 0,2022 | 0,1907 | 0,1799 | 0,1697 | 0,1269 | 0,0951 | 0,0713 |
| 61 | 0,2089 | 0,1969 | 0,1855 | 0,1748 | 0,1648 | 0,1226 | 0,0914 | 0,0682 |
| 62 | 0,2036 | 0,1917 | 0,1805 | 0,1699 | 0,1600 | 0,1185 | 0,0879 | 0,0653 |
| 63 | 0,1985 | 0,1867 | 0,1756 | 0,1651 | 0,1553 | 0,1145 | 0,0845 | 0,0625 |
| 64 | 0,1935 | 0,1818 | 0,1708 | 0,1605 | 0,1508 | 0,1106 | 0,0813 | 0,0598 |
| 65 | 0,1885 | 0,1770 | 0,1661 | 0,1560 | 0,1464 | 0,1069 | 0,0781 | 0,0572 |
| 66 | 0,1838 | 0,1723 | 0,1616 | 0,1516 | 0,1421 | 0,1033 | 0,0751 | 0,0547 |
| 67 | 0,1791 | 0,1678 | 0,1572 | 0,1473 | 0,1380 | 0,0998 | 0,0722 | 0,0524 |
| 68 | 0,1746 | 0,1634 | 0,1529 | 0,1431 | 0,1340 | 0,0964 | 0,0695 | 0,0501 |
| 69 | 0,1702 | 0,1591 | 0,1488 | 0,1391 | 0,1301 | 0,0931 | 0,0668 | 0,0480 |
| 70 | 0,1658 | 0,1549 | 0,1447 | 0,1352 | 0,1263 | 0,0900 | 0,0642 | 0,0459 |
| 71 | 0,1616 | 0,1508 | 0,1408 | 0,1314 | 0,1226 | 0,0869 | 0,0617 | 0,0439 |
| 72 | 0,1575 | 0,1469 | 0,1369 | 0,1277 | 0,1190 | 0,0840 | 0,0594 | 0,0420 |
| 73 | 0,1535 | 0,1430 | 0,1332 | 0,1241 | 0,1156 | 0,0812 | 0,0571 | 0,0402 |
| 74 | 0,1497 | 0,1392 | 0,1296 | 0,1206 | 0,1122 | 0,0784 | 0,0549 | 0,0385 |
| 75 | 0,1459 | 0,1356 | 0,1260 | 0,1172 | 0,1089 | 0,0758 | 0,0528 | 0,0368 |
| 76 | 0,1422 | 0,1320 | 0,1226 | 0,1139 | 0,1058 | 0,0732 | 0,0508 | 0,0353 |
| 77 | 0,1386 | 0,1286 | 0,1193 | 0,1107 | 0,1027 | 0,0707 | 0,0488 | 0,0337 |
| 78 | 0,1351 | 0,1252 | 0,1160 | 0,1075 | 0,0997 | 0,0683 | 0,0469 | 0,0323 |
| 79 | 0,1316 | 0,1219 | 0,1129 | 0,1045 | 0,0968 | 0,0660 | 0,0451 | 0,0309 |
| 80 | 0,1283 | 0,1187 | 0,1098 | 0,1016 | 0,0940 | 0,0638 | 0,0434 | 0,0296 |
| 81 | 0,1250 | 0,1156 | 0,1068 | 0,0987 | 0,0912 | 0,0616 | 0,0417 | 0,0283 |
| 82 | 0,1219 | 0,1125 | 0,1039 | 0,0959 | 0,0886 | 0,0596 | 0,0401 | 0,0271 |
| 83 | 0,1188 | 0,1096 | 0,1011 | 0,0932 | 0,0860 | 0,0575 | 0,0386 | 0,0259 |
| 84 | 0,1158 | 0,1067 | 0,0983 | 0,0906 | 0,0835 | 0,0556 | 0,0371 | 0,0248 |

| Rest-nut-zungs-dauer (Jahre) | Zinssatz | | | | | | | |
|---|---|---|---|---|---|---|---|---|
| | 2,6 % | 2,7 % | 2,8 % | 2,9 % | 3,0 % | 3,5 % | 4,0 % | 4,5 % |
| 85 | 0,1128 | 0,1039 | 0,0956 | 0,0880 | 0,0811 | 0,0537 | 0,0357 | 0,0237 |
| 86 | 0,1100 | 0,1011 | 0,0930 | 0,0856 | 0,0787 | 0,0519 | 0,0343 | 0,0227 |
| 87 | 0,1072 | 0,0985 | 0,0905 | 0,0832 | 0,0764 | 0,0501 | 0,0330 | 0,0217 |
| 88 | 0,1045 | 0,0959 | 0,0880 | 0,0808 | 0,0742 | 0,0484 | 0,0317 | 0,0208 |
| 89 | 0,1018 | 0,0934 | 0,0856 | 0,0785 | 0,0720 | 0,0468 | 0,0305 | 0,0199 |
| 90 | 0,0993 | 0,0909 | 0,0833 | 0,0763 | 0,0699 | 0,0452 | 0,0293 | 0,0190 |
| 91 | 0,0967 | 0,0885 | 0,0810 | 0,0742 | 0,0679 | 0,0437 | 0,0282 | 0,0182 |
| 92 | 0,0943 | 0,0862 | 0,0788 | 0,0721 | 0,0659 | 0,0422 | 0,0271 | 0,0174 |
| 93 | 0,0919 | 0,0839 | 0,0767 | 0,0700 | 0,0640 | 0,0408 | 0,0261 | 0,0167 |
| 94 | 0,0896 | 0,0817 | 0,0746 | 0,0681 | 0,0621 | 0,0394 | 0,0251 | 0,0160 |
| 95 | 0,0873 | 0,0796 | 0,0726 | 0,0662 | 0,0603 | 0,0381 | 0,0241 | 0,0153 |
| 96 | 0,0851 | 0,0775 | 0,0706 | 0,0643 | 0,0586 | 0,0368 | 0,0232 | 0,0146 |
| 97 | 0,0829 | 0,0755 | 0,0687 | 0,0625 | 0,0569 | 0,0355 | 0,0223 | 0,0140 |
| 98 | 0,0808 | 0,0735 | 0,0668 | 0,0607 | 0,0552 | 0,0343 | 0,0214 | 0,0134 |
| 99 | 0,0788 | 0,0715 | 0,0650 | 0,0590 | 0,0536 | 0,0332 | 0,0206 | 0,0128 |
| 100 | 0,0768 | 0,0697 | 0,0632 | 0,0573 | 0,0520 | 0,0321 | 0,0198 | 0,0123 |

4

Berechnungsvorschrift für die Abzinsungsfaktoren (Barwertfaktoren für die Abzinsung):

$$\text{Abzinsungsfaktor} = \frac{1}{q^n}$$

$$q = 1 + LZ \quad \text{wobei } LZ = \frac{p}{100}$$

LZ = Zinssatz (Liegenschaftszinssatz)

n = Restnutzungsdauer

p = Zinsfuß

### Selbstständig nutzbare Teilfläche

Der Bodenwert ist vor der Abzinsung über die wirtschaftliche Restnutzungsdauer des Gebäudes – in seltenen Fällen – um den Wert selbstständig nutzbarer Teilflächen zu korrigieren, soweit diese nicht ohnehin eine gesonderte wirtschaftliche Einheit bilden und gesondert bewertet werden.

**Wichtig:** Der Bodenwert der selbstständig nutzbaren Teilflächen ist zum abgezinsten Wert der zum Gebäude gehörenden Teilfläche zu addieren.

Eine selbständig nutzbare Teilfläche ist ein Teil eines Grundstücks, der für die angemessene Nutzung der Gebäude nicht benötigt wird und selbständig genutzt oder verwertet werden kann.



**Hinweis:**

In der Praxis dürfte überwiegend davon auszugehen sein, dass bei einer selbstständigen Verwertbarkeit von Fläche eine eigenständige wirtschaftliche Einheit vorliegt.

## Mindestwert

Der für ein bebautes Grundstück anzusetzende Wert darf nicht geringer sein als 75 Prozent des Werts, mit dem der Grund und Boden allein als unbebautes Grundstück zu bewerten wäre.

Es entspricht den Gepflogenheiten des Grundstücksverkehrs, dass der Käufer eines bebauten Grundstücks zumindest denjenigen Preis zahlen wird, der dem gemeinen Wert des unbebauten Grund und Bodens abzüglich etwaiger Freilegungskosten entspricht.

Mit dem Abschlag von 25 Prozent vom Wert des unbebauten Grundstücks werden insbesondere die üblichen Freilegungskosten in sogenannten Liquidationsfällen, in denen der nicht abgezinste Bodenwert ohne Berücksichtigung der Freilegungskosten den im Ertragswertverfahren ermittelten Wert erreicht oder übersteigt, typisierend berücksichtigt.

## Sachwertverfahren im Bundesmodell

## Bewertungsverfahren

Für Nichtwohngebäude ist der Grundsteuerwert im Sachwertverfahren zu ermitteln. Somit sind Geschäftsgrundstücke, gemischt genutzte Grundstücke, das Teileigentum und auch sonstige bebaute Grundstücke im Sachwertverfahren zu bewerten.

Bei Anwendung des Sachwertverfahrens ist der Wert der Gebäude – der sogenannte Gebäudesachwert – getrennt vom Bodenwert zu ermitteln.

Die Ermittlung ergibt sich aus der folgenden Übersicht:

Bodenwert
zzgl. Gebäudesachwert

---

Vorläufiger Sachwert des Grundstücks
x Wertzahl

---

**= Grundsteuerwert im Sachwertverfahren**

5

Objektspezifische Grundstücksmerkmale sind im Rahmen der typisierenden Wertermittlung aus Vereinfachungsgründen nicht zu berücksichtigen.

## Schema zur Ermittlung des Grundsteuerwerts

Das typisierte Sachwertverfahren erfolgt im Einzelnen nach folgendem Schema:

| | |
|---|---|
| | Normalherstellungskosten |
| | x |
| | Baupreisindex |
| | x |
| | Brutto-Grundfläche |
| | = |
| Grundstücksfläche | Gebäudenormalherstellungswert |
| x | ./. |
| Bodenrichtwert | Alterswertminderung (max. 70 %) |
| = | = |
| **Bodenwert** | **Gebäudesachwert** |
| ↓ | ↓ |

**vorläufiger Sachwert**

x

**Wertzahl**

=

**Grundsteuerwert**

## Berechnungsschema

Ein umfassendes Berechnungsschema enthalten die koordinierten Ländererlasse vom 09.11.2021, aus denen sich auch die einzelnen Vorschriften des Bewertungsgesetzes ergeben:

5

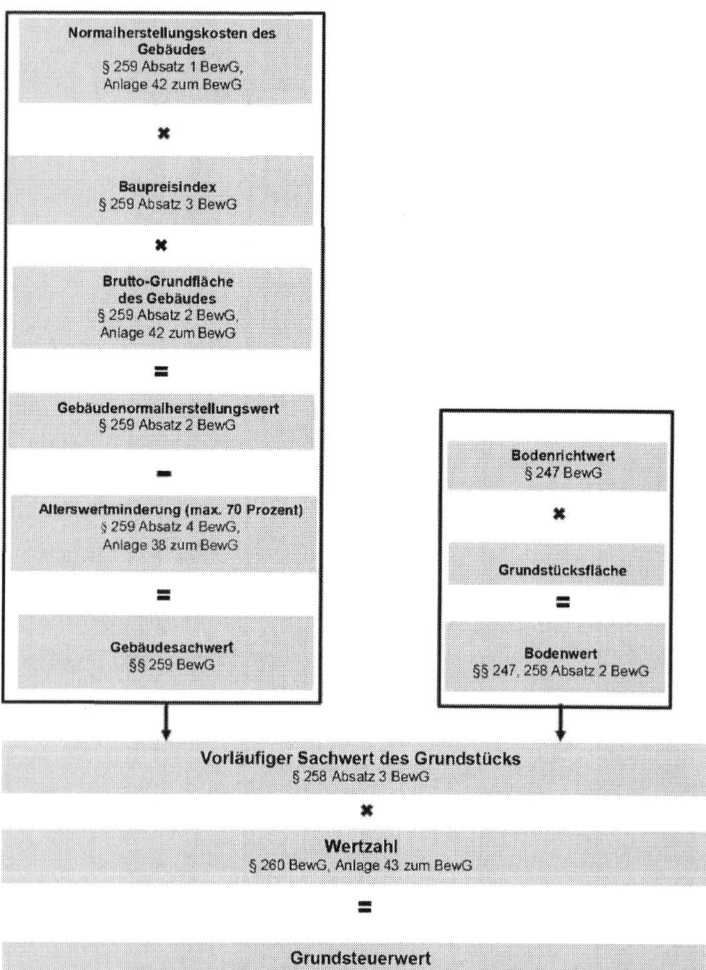

## Bodenwert

Der Bodenwert entspricht dem Wert, der für unbebaute Grundstücke anzusetzen ist. Dieser ergibt sich durch Multiplikation des Bodenrichtwerts mit der Grundstücksfläche.

## Ermittlung des Gebäudesachwerts

Bei der Ermittlung des Gebäudesachwerts ist von den Normalherstellungskosten des Gebäudes auszugehen, die sich aus Anlage 42 zum Bewertungsgesetz ergeben.

Der Gebäudenormalherstellungswert ergibt sich durch Multiplikation der Normalherstellungskosten mit der Brutto-Grundfläche des Gebäudes. Die jeweiligen Normalherstellungskosten sind dabei durch einen Baupreisindex an den Hauptfeststellungszeitpunkt anzupassen.

Zur Ermittlung des Gebäudesachwerts gilt folgende Übersicht:

Angepasste Normalherstellungskosten
x Brutto-Grundfläche

= Gebäudenormalherstellungswert
abzgl. Alterswertminderung

Gebäudewert, mindestens 30 Prozent des Gebäudenormalherstellungswerts
**= Gebäudesachwert**



## Normalherstellungskosten

Zur Ermittlung des Gebäudesachwerts ist nicht von den tatsächlichen, sondern von den gewöhnlichen Herstellungskosten für die jeweilige Gebäudeart und Flächeneinheit auszugehen. Die gewöhnlichen Herstellungskosten, also die Normalherstellungskosten, ergeben sich aus der Anlage 42 zum Bewertungsgesetz.

Die Normalherstellungskosten ergeben sich in Abhängigkeit von der Gebäudeart. Der Gesetzgeber hat sich dazu entschieden, möglichst wenige Gebäudetypen zu definieren.

**Hinweis:**

In jedem Fall haben Sie als Steuerzahler für jeden Gebäudeteil nur insgesamt eine einzige Auswahl aus dem Katalog der insgesamt 19 Gebäudearten zu treffen.

Die Normalherstellungskosten sind in Euro/Quadratmeter Brutto-Grundfläche ausgewiesen. Die Tabelle enthält die Normalherstellungskosten 2010 (NHK 2010), einschließlich Baunebenkosten und Umsatzsteuer für die jeweilige Gebäudeart sowie eines pauschalen Zuschlags für bauliche Anlagen, insbesondere Außenanlagen, und sonstige Anlagen von 3 Prozent.

Aus der nachstehend abgedruckten Anlage 42 zum Bewertungsgesetz ergeben sich in Abhängigkeit vom Gebäudealter folgende Normalherstellungskosten (NHK).

| Gebäudeart | | Baujahrgruppe | | |
|---|---|---|---|---|
| | | **vor 1995 in EUR** | **1995 bis 2004 in EUR** | **ab 2005 in EUR** |
| 1 | Gemischt genutzte Grundstücke (Wohnhäuser mit Mischnutzung) | 695 | 886 | 1.118 |
| 2 | Banken und ähnliche Geschäftshäuser | 736 | 937 | 1.494 |
| 3 | Bürogebäude, Verwaltungsgebäude | 839 | 1.071 | 1.736 |
| 4 | Gemeindezentren, Vereinsheime, Saalbauten, Veranstaltungsgebäude | 1.004 | 1.282 | 1.555 |
| 5 | Kindergärten (Kindertagesstätten), allgemeinbildende Schulen, berufsbildende, Schulen, Hochschulen, Sonderschulen | 1.164 | 1.488 | 1.710 |
| 6 | Wohnheime, Internate, Alten-, Pflegeheime | 876 | 1.118 | 1.370 |
| 7 | Krankenhäuser, Kliniken, Tageskliniken, Ärztehäuser | 1.334 | 1.705 | 2.075 |
| 8 | Beherbergungsstätten, Hotels, Verpflegungseinrichtungen | 1.118 | 1.427 | 1.859 |
| 9.1 | Sporthallen | 1.133 | 1.447 | 1.777 |
| 9.2 | Tennishallen | 814 | 1.040 | 1.226 |
| 9.3 | Freizeitbäder, Kur- und Heilbäder | 1.978 | 2.524 | 3.075 |
| 10.1 | Verbrauchermärkte | 582 | 742 | 896 |

| Gebäudeart | | Baujahrgruppe | | |
|---|---|---|---|---|
| | | vor 1995 in EUR | 1995 bis 2004 in EUR | ab 2005 in EUR |
| 10.2 | Kauf- und Warenhäuser | 1.066 | 1.360 | 1.633 |
| 10.3 | Autohäuser ohne Werkstatt | 757 | 968 | 1.277 |
| 11.1 | Betriebs- und Werkstätten eingeschossig oder mehrgeschossig ohne Hallenanteil; Industrielle Produktionsgebäude, Massivbauweise | 762 | 973 | 1.200 |
| 11.2 | Betriebs- und Werkstätten, mehrgeschossig, hoher Hallenanteil; Industrielle Produktionsgebäude, überwiegend Skelettbauweise | 536 | 680 | 942 |
| 12.1 | Lagergebäude ohne Mischnutzung, Kaltlager | 283 | 361 | 505 |
| 12.2 | Lagergebäude mit bis zu 25 % Mischnutzung | 443 | 567 | 711 |
| 12.3 | Lagergebäude mit mehr als 25 % Mischnutzung | 716 | 917 | 1.128 |
| 13 | Museen, Theater, Sakralbauten | 1.514 | 1.875 | 2.395 |
| 14 | Reithallen, ehemalige landwirtschaftliche Mehrzweckhallen, Scheunen und Ähnliches | | 263 | |
| 15 | Stallbauten | | 422 | |
| 16 | Hochgaragen, Tiefgaragen und Nutzfahrzeuggaragen | | 623 | |
| 17 | Einzelgaragen, Mehrfachgaragen | | 500 | |
| 18 | Carports u. Ä. | | 190 | |
| 19 | **Teileigentum**<br>Teileigentum ist in Abhängigkeit von der baulichen Gestaltung den vorstehenden Gebäudearten zuzuordnen. | | | |
| 20 | **Auffangklausel**<br>Normalherstellungskosten für nicht aufgeführte Gebäudearten sind aus den Normalherstellungskosten vergleichbarer Gebäudearten abzuleiten. | | | |

In der vorstehenden Tabelle sind möglicherweise nicht alle Gebäudearten aufgeführt. Die Finanzverwaltung hat in ihren koordinierten Ländererlassen weitere Beispiele gebildet, die in der Praxis hilfreich sein können. Aus der erweiterten Tabelle ergibt sich die Behandlung der nachstehenden Gebäudearten:

| Nicht aufgeführte Gebäudeart | Vergleichbar mit Gebäudeart | Gesamtnutzungsdauer | Gebäudeart |
|---|---|---|---|
| Abfertigungsgebäude, Terminal, Bahnhofshalle | Betriebs- und Werkstätten, mehrgeschossig, hoher Hallenanteil; industrielle Produktionsgebäude, überwiegend Skelettbauweise | 40 Jahre | 11.2 |
| Apotheke, Boutique, Laden | Kauf- und Warenhäuser | 50 Jahre | 10.2 |
| Bar, Tanzbar, Nachtclub | Beherbergungsstätten, Hotels, Verpflegungseinrichtungen | 40 Jahre | 8 |
| Baumarkt, Discountermarkt, Gartenzentrum | Verbrauchermärkte | 30 Jahre | 10.1 |
| Bürgerhaus | Gemeindezentren, Saalbauten, Veranstaltungsgebäude, Vereinsheime | 40 Jahre | 4 |
| Einkaufszentrum (Shopping-Center, Shopping-Mall) | Kauf- und Warenhäuser | 50 Jahre | 10.2 |
| Gewerblich genutzte freistehende Überdachung | Lagergebäude ohne Mischnutzung, Kaltlager | 40 Jahre | 12.1 |
| Großraumdisco, Kino, Konzertsaalbau | Gemeindezentren, Saalbauten, Veranstaltungsgebäude, Vereinsheime | 40 Jahre | 4 |

| Nicht aufgeführte Gebäudeart | Vergleichbar mit Gebäudeart | Gesamt-nutzungs-dauer | Gebäude-art |
|---|---|---|---|
| Indoor-Spielplatz, Kletter-, Kart-, Skihalle | Sporthallen | 40 Jahre | 9.1 |
| Jugendheim, Tagesstätte | Wohnheime, Internate, Alten- und Pflegeheime | 50 Jahre | 6 |
| Logistikzentrum (Lagerung, Verwaltung, Kommissionierung, Verteilung und Umschlag), soweit keine Abgrenzung eigener Gebäudeteile möglich ist | Lagergebäude | 40 Jahre | 12.1, 12.2 oder 12.3 |
| Markthalle, Großmarkthalle | Verbrauchermärkte | 30 Jahre | 10.1 |
| Mehrfamilienhaus, Wohnhaus auf gemischt genutzten Grundstücken | Gemischt genutzte Grundstücke (Wohnhäuser mit Mischnutzung) | 80 Jahre | 1 |
| Möbelhaus, eingeschossig | Verbrauchermärkte | 30 Jahre | 10.1 |
| Möbelhaus, mehrgeschossig | Kauf- und Warenhäuser | 50 Jahre | 10.2 |
| Parkhaus | Hochgaragen, Tiefgaragen und Nutzfahrzeuggaragen | 40 Jahre | 16 |
| Pferdestall | Gesamtnutzungsdauer: Reithallen, ehemalige landwirtschaftliche Mehrzweckhallen, Scheunen u. Ä., Normalherstellungskosten Stallbauten | 30 Jahre | 15 |
| Restaurant | Beherbergungsstätten, Hotels, Verpflegungseinrichtungen | 40 Jahre | 8 |

5

| Nicht aufgeführte Gebäudeart | Vergleichbar mit Gebäudeart | Gesamtnutzungsdauer | Gebäudeart |
|---|---|---|---|
| Therme, Saunalandschaft | Freizeitbäder, Kur- und Heilbäder | 40 Jahre | 9.3 |
| Waschstraße | Betriebs- und Werkstätten, Industrie- und Produktionsgebäude, eingeschossig oder mehrgeschossig, ohne Hallenanteil; industrielle Produktionsgebäude, Massivbauweise | 40 Jahre | 11.1 |
| Wochenendhaus | Gemischt genutzte Grundstücke (Wohnhäuser mit Mischnutzung) | 80 Jahre | 1 |



Bei der Bewertung von Teileigentum ist zur Bestimmung der Gebäudeart auf die bauliche Gestaltung des Teileigentums abzustellen.

**Beispiel:**

Ein Discountermarkt als Teileigentum bildet eine eigene wirtschaftliche Einheit und ist im Sachwertverfahren mit den Nebenherstellungskosten der Gebäudeart 10.1 (entsprechend Verbrauchermärkte) zu bewerten. Die Eigentumswohnungen bilden jede für sich ebenfalls eine eigene wirtschaftliche Einheit, die im Ertragswertverfahren zu bewerten ist.

Unterscheiden sich die bauliche Gestaltung des Teileigentums und des übrigen Gesamtgebäudes nicht voneinander, ist in der Regel das Gesamtgepräge des Gebäudes maßgebend.

**Beispiel:**

Zur Bewertung eines Teileigentums als Rechtsanwalts-, Notar- oder Arztpraxis in einem mehrgeschossigen Wohnhaus, welches baulich wie ein vergleichbares Wohnungseigentum gestaltet ist, ist es sachgerecht, die Nebenherstellungskosten der Gebäudeart 1 (gemischt genutzte Grundstücke [Wohnhäuser mit Mischnutzung]) heranzuziehen. Befindet sich ein solches Teileigentum zum Beispiel in einem Büro- und Geschäftsgebäude, können die Nebenherstellungskosten der Gebäudeart 3 (Bürogebäude, Verwaltungsgebäude) zugrunde gelegt werden.

### Anpassung der Normalherstellungskosten – Baupreisindizes



Die Anpassung der Normalherstellungskosten erfolgt anhand der vom Statistischen Bundesamt veröffentlichten Baupreisindizes. Dabei ist auf die Preisindizes für die Bauwirtschaft abzustellen, die das Statistische Bundesamt für den Neubau in konventioneller Bauart von Wohn- und Nichtwohngebäuden jeweils für das Vierteljahr vor dem Hauptfeststellungzeitpunkt ermittelt hat. Diese Preisindizes sind für alle Bewertungsstichtage des folgenden Hauptfeststellungszeitraums anzuwenden. Auf diese Weise wird vermieden, dass in jedem Einzelfall eine Umrechnung der Pauschalherstellungskosten für die verschiedenen Gebäudearten in Normalherstellungskosten erfolgen muss.

Die Normalherstellungskosten sind auf dem Kostenstand 2010 ermittelt worden. Sie müssen nach Maßgabe des zum Hauptfeststellungszeitpunkt maßgebenden Baupreisindizes angepasst werden.

**Hinweis:**

Nach dem Schreiben des Bundesministeriums der Finanzen vom 11.02.2022 beträgt der Baupreisindex für die Grundsteuer am Hauptfeststellungszeitpunkt 01.01.2022 148,6 Prozent.

## Alterswertminderung

Vom Gebäudenormalherstellungswert ist eine Alterswertminderung abzuziehen. Diese ergibt sich durch Multiplikation des Gebäudenormalherstellungswerts mit dem Verhältnis des Alters des Gebäudes am Bewertungsstichtag zur wirtschaftlichen Gesamtnutzungsdauer.

5

Die Alterswertminderung wird somit regelmäßig nach dem Alter des Gebäudes zum Bewertungsstichtag und einer typisierten wirtschaftlichen Gesamtnutzungsdauer bestimmt. Die typisierte Gesamtnutzungsdauer ist – wie beim vereinfachten Ertragswertverfahren – der Anlage 38 zum Bewertungsgesetz zu entnehmen. Bei der Alterswertminderung wird von einer linearen jährlichen Wertminderung ausgegangen.

**Formel**

$$\text{Alterswertminderung} = \frac{\text{Alter des Gebäudes am Bewertungsstichtag}}{\text{Wirtschaftliche Gesamtnutzungsdauer nach Anlage 38}}$$

## Verlängerung der Gesamtnutzungsdauer

Sind nach Bezugsfertigkeit des Gebäudes Veränderungen eingetreten, die die wirtschaftliche Gesamtnutzungsdauer des Gebäudes wesentlich verlängert haben, ist von einem der Verlängerung entsprechenden späteren Baujahr auszugehen.

In der Praxis wird davon nur in den Fällen einer Kernsanierung auszugehen sein. Bloße Modernisierungsmaßnahmen führen nicht zu einer Verlängerung der Nutzungsdauer.

### Mindestwert

Auch beim Sachwertverfahren gilt ein Mindestwert. Deshalb ist der nach Abzug der Alterswertminderung verbleibende Gebäudewert regelmäßig mit mindestens 30 Prozent des Gebäudenormalherstellungswerts anzusetzen.

Diese Restwertregelung berücksichtigt, dass auch ein älteres Gebäude, das laufend instandgehalten wird und daher noch benutzbar ist, auch nach Ablauf der typisierten wirtschaftlichen Gesamtnutzungsdauer einen verbleibenden Wert hat.

Bei älteren, noch nutzbaren Gebäuden schließt die Begrenzung der Alterswertminderung in typisierender Weise eine Verlängerung der Restnutzungsdauer durch geringfügige Modernisierungen ein.

### Abbruchverpflichtung

Besteht für ein Gebäude eine vertraglich vereinbarte Abbruchverpflichtung, ist die Alterswertminderung abweichend auf das Verhältnis des Alters des Gebäudes am Bewertungsstichtag zur tatsächlichen Gesamtnutzungsdauer begrenzt.

Durch diese Begrenzung kann die Restnutzungsdauer verkürzt werden.



**Hinweis:**

In der Praxis liegen nur in sehr seltenen Fällen Abbruchverpflichtungen vor.

## Wertzahlen

Zur Ermittlung des Grundsteuerwerts ist der vorläufige Sachwert mit der sich aus der Anlage 43 zum Bewertungsgesetz ergebenden Wertzahl zu multiplizieren.

**Hinweis:**

Die Wertzahl hat die Funktion, den Sachwert an die allgemeinen Wertverhältnisse auf dem örtlichen Grundstücksmarkt anzupassen.

Die Marktanpassung erfolgt im typisierten Sachwertverfahren durch gesetzlich vorgegebene Wertzahlen. Die Wertzahlen für Teileigentum, Geschäftsgrundstücke, gemischt genutzte Grundstücke und sonstige bebaute Grundstücke ergeben sich aus der nachfolgend abgedruckten Anlage 43 zum Bewertungsgesetz:



| | | **Bodenrichtwert** | | |
|---|---|---|---|---|
| **Vorläufiger Sachwert** | | **bis 100 EUR/m²** | **bis 300 EUR/m²** | **über 300 EUR/m²** |
| bis | 500.000 EUR | 0,80 | 0,90 | 1,00 |
| | 750.000 EUR | 0,75 | 0,85 | 0,95 |
| | 1.000.000 EUR | 0,70 | 0,80 | 0,90 |
| | 1.500.000 EUR | 0,65 | 0,75 | 0,85 |
| | 2.000.000 EUR | 0,60 | 0,70 | 0,80 |
| | 3.000.000 EUR | 0,55 | 0,65 | 0,75 |
| über | 3.000.000 EUR | 0,50 | 0,60 | 0,70 |

## Brutto-Grundfläche

Vielen Bürgerinnen und Bürgern wird die Brutto-Grundfläche nicht geläufig sein. Dennoch ist es eine Größe, die standardmäßig bei der Bewertung von Grundstücken im Sachwertverfahren für Zwecke der Erbschaft-/Schenkungsteuer verwendet wird.

In der Praxis kann die Brutto-Grundfläche den Berechnungen des Architekten entnommen werden. Diese werden bei Gebäuden jüngeren Baujahrs regelmäßig vorliegen. Fehlt eine entsprechende Berechnung, muss die Brutto-Grundfläche nach DIN 277 erfolgen.

Was im Einzelnen zur Brutto-Grundfläche gehört, ergibt sich aus der nachstehenden Zeichnung:

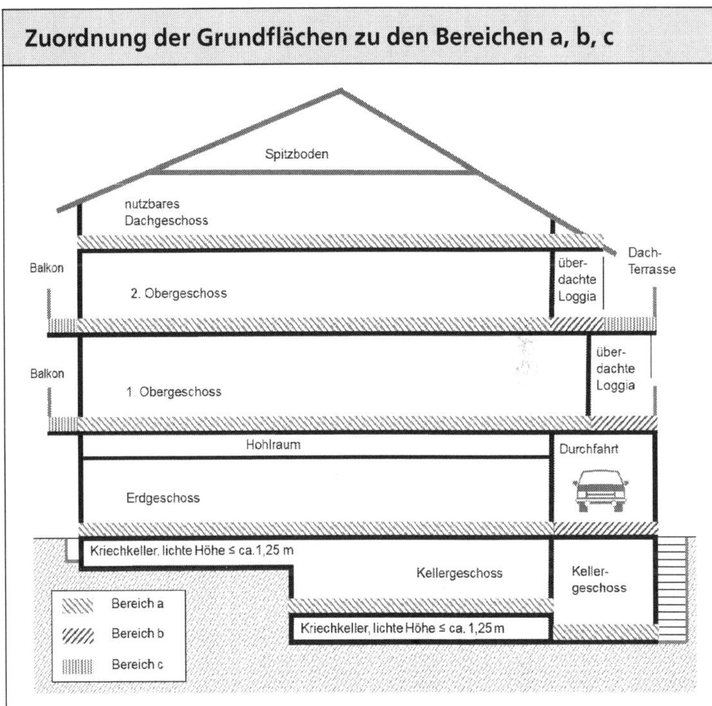


## Erläuterungen zur Brutto-Grundfläche

Die Brutto-Grundfläche ist die Summe der bezogen auf die jeweilige Gebäudeart marktüblich nutzbaren Grundflächen aller Grundrissebenen eines Bauwerks. In Anlehnung an die DIN 277-1:2005-02 sind bei den Grundflächen folgende Bereiche zu unterscheiden:

- Bereich a: überdeckt und allseitig in voller Höhe umschlossen,
- Bereich b: überdeckt, jedoch nicht allseitig in voller Höhe umschlossen
- Bereich c: nicht überdeckt

Für die Anwendung der Normalherstellungskosten (NHK) sind im Rahmen der Ermittlung der Brutto-Grundfläche nur die Grundflächen der Bereiche a und b zugrunde zu legen. Balkone, auch wenn sie überdeckt sind, sind dem Bereich c zuzuordnen.

Die Grundflächen sind in Quadratmeter anzugeben.

Für die Ermittlung der Brutto-Grundfläche sind die äußeren Maße der Bauteile einschließlich Verkleidung, zum Beispiel Putz und Außenschalen mehrschaliger Wandkonstruktionen, in Höhe der Bodenbelagsoberkanten anzusetzen.

Brutto-Grundflächen des Bereichs b sind an Stellen, an denen sie nicht umschlossen sind, bis zur vertikalen Projektion ihrer Überdeckung zu ermitteln. Brutto-Grundflächen von Bauteilen (Konstruktionsgrundflächen), die zwischen den Bereichen a und b liegen, sind dem Bereich a zuzuordnen.



Nicht zur Brutto-Grundfläche gehören beispielsweise Flächen von Spitzböden und Kriechkellern, Flächen, die ausschließlich der Wartung, Inspektion und Instandsetzung von Baukonstruktionen und technischen Anlagen dienen, sowie Flächen unter konstruktiven Hohlräumen, zum Beispiel über abgehängten Decken.

Die Brutto-Grundflächen zur Berechnung der Normalherstellungskosten sind getrennt nach Grundrissebenen zu ermitteln. Grundflächen von waagerechten Flächen sind aus ihren tatsächlichen Maßen, Grundflächen von schräg liegenden Flächen, zum Beispiel Tribünen, Zuschauerräumen, Treppen und Rampen, aus ihrer vertikalen Projektion zu ermitteln.

Nicht berücksichtigt bei der Ermittlung der Brutto-Grundfläche werden:

- Kriechkeller
- Kellerschächte
- Außentreppen
- nicht nutzbare Dachflächen, auch Zwischendecken
- Balkone (auch wenn sie überdeckt sind)
- Spitzböden (zusätzliche Ebene im Dachgeschoss, unabhängig vom Ausbauzustand)

Auf die Brutto-Grundfläche anzurechnen sind nutzbare Dachgeschossflächen.

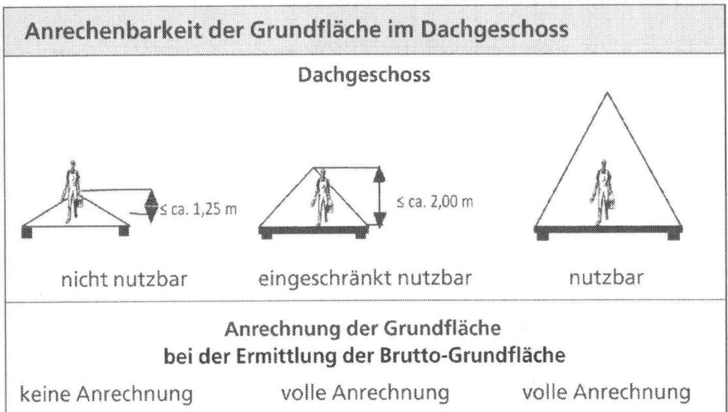




> **Hinweis:**
>
> Eine sorgfältige Ermittlung der Brutto-Grundfläche lohnt sich, denn diese Rechengröße hat unmittelbare Auswirkung auf die Höhe der Grundsteuer.

### Vereinfachungsregel

Sie können die Brutto-Grundfläche mit einer Faustregel überschlägig schätzen:

| Bebaute Fläche x Anzahl der Geschosse |
|---|

Ermitteln Sie die bebaute Fläche, indem Sie die Länge des Gebäudes (Außenmaß) mit der Breite des Gebäudes (Außenmaß) multiplizieren.

Hierbei leisten Ihnen Satellitenbilder gute Dienste, zumal dort zum Teil direkt im Satellitenbild die Länge und Breite des Gebäudes vermessen werden kann. Die Wände eines Gebäudes zählen mit zur Brutto-Grundfläche.

Bei der Anzahl der Geschosse zählen auch Kellergeschosse mit. Nur Kriechkeller bleiben bei der Einbeziehung von Kellergeschossen unberücksichtigt.

Sofern im Dachgeschoss eine zusätzliche Fläche geschaffen wurde, beispielsweise ein Spitzboden, gehört dieser nicht zur Brutto-Grundfläche.

**Hinweis:**

Suchen Sie die für Ihr Bundesland geltende Homepage des Katasteramts. Dort finden Sie – je nach Bundesland – viele öffentlich und kostenlos zugängliche Daten für Ihr Grundstück. Beispielsweise finden Sie unter Angabe der Grundstücksadresse auf www.tim-online.nrw.de:

- die Grundstücksgröße in Quadratmetern
- den Namen der Gemarkung
- die Flur
- die Flurstücksnummer

Ferner können Sie mit einer Messfunktion die bebaute Fläche des Gebäudes einrahmen und automatisch berechnen lassen.



Viele Bundesländer werden die Seiten des Katasteramts und die Informationen der Gutachterausschüsse in einem Geoportal zusammenfassen. Diese Portale haben in den Ländern unterschiedliche Bezeichnungen. Über die offizielle Seite gelangen Sie zu den jeweiligen offiziellen Seiten der Bundesländer, in denen weitere bundeslandspezifische Informationen zusammengestellt sind: www.grundsteuerreform.de

**Hinweis:**

Bitte beachten Sie, dass es auch private Seiten zur Grundsteuer gibt. Ob die dort veröffentlichten Informationen zutreffend sind, kann nicht garantiert werden.

## Pauschale Berücksichtigung von Außenanlagen

Außenanlagen brauchen Sie keine besondere Aufmerksamkeit zu widmen. Sie sind bereits in den Normalherstellungskosten enthalten. Der Gesetzgeber hat die Normalherstellungskosten pauschal um 3 Prozent erhöht.

Damit sind bauliche Anlagen, insbesondere Außenanlagen, wie beispielsweise Außenstellplätze, Erschließung und Einfriedung, sowie sonstige Anlagen abgegolten.

# Sonderfälle

## Erbbaurecht

Bei Erbbaurechten ist für das Erbbaurecht und das Erbbaurechtsgrundstück ein Gesamtwert zu ermitteln. Bei der Ermittlung bleibt das Erbbaurecht außer Acht, als würde diese Belastung nicht bestehen.

**Neu:** Der ermittelte Wert ist ausschließlich dem Erbbauberechtigten zuzurechnen. Das bedeutet, dass das Erbbaurecht und der belastete Grund und Boden zur Ermittlung der Bemessungsgrundlage für die Grundsteuer zu einer wirtschaftlichen Einheit zusammengefasst werden. Es wird nur der Gesamtwert festgestellt.

**Hinweis:**

Diese Regelung ist grundsätzlich neu. Dennoch unterscheidet sie sich nicht wesentlich von der bisherigen Verfahrensweise. Denn bei der Einheitsbewertung ist der Erbbauberechtigte der alleinige Steuerschuldner.



Mit der Neuregelung wird die endgültige Belastung mit der Grundsteuer nicht geregelt. Denn wer endgültig mit der Grundsteuer belastet werden soll, unterliegt weiterhin der Privatautonomie.

## Gebäude auf fremdem Grund und Boden

Wie bei den Erbbaurechten wird künftig auch bei einem Gebäude auf fremdem Grund und Boden ein Gesamtwert ermittelt. Das bedeutet, der Wert für den Grund und Boden wird mit dem Wert des Gebäudes auf fremdem Grund und Boden zusammengerechnet.

**Neu:** Der ermittelte Wert ist dem – zivilrechtlichen – Eigentümer des Grund und Bodens zuzurechnen.

Dieser ist trotz abweichender wirtschaftlicher Vereinbarung grundsätzlich zivilrechtlich Eigentümer des Gebäudes. Er wird Steuerschuldner für das belastete Grundstück und kann auf einfachem Weg aufgrund amtlicher Grundstücksinformationen im automatisierten Verfahren ermittelt werden. Gleichwohl führt dies im Ergebnis zu keiner tatsächlichen Belastungsverschiebung, wenn nach den üblichen vertraglichen Vereinbarungen die Grundsteuer schon bisher auf den Eigentümer des Gebäudes auf fremdem Grund und Boden abgewälzt wurde.

Wer die Grundsteuer endgültig tragen soll, unterliegt der Privatautonomie.

# Ländermodelle



7

## Öffnungsklausel

Der Gesetzgeber hat auf Bundesebene die vorstehenden Neuregelungen verabschiedet. Daneben ist jedoch auch das Grundgesetz geändert worden, so dass die Länder eine eigene Gesetzgebungskompetenz erhalten haben, um vom Bundessystem der Grundsteuer abweichen zu können.

Aus der nachstehenden Übersicht ergibt sich, welche Länder das Bundesmodell anwenden und welche Länder die Länderöffnungsklausel genutzt haben und somit bei der Grundsteuer vom Bundesmodell abweichen:

| **Welches Grundsteuermodell gilt in Ihrem Bundesland?** | |
|---|---|
| Baden-Württemberg | Bodenwertmodell |
| Bayern | Äquivalenzmodell |
| Berlin | Bundesmodell |
| Brandenburg | Bundesmodell |
| Bremen | Bundesmodell |
| Hamburg | Wohnlagemodell |
| Hessen | Flächen-Faktor-Verfahren |
| Mecklenburg-Vorpommern | Bundesmodell |
| Niedersachsen | Flächen-Lage-Modell |
| Nordrhein-Westfalen | Bundesmodell |
| Rheinland-Pfalz | Bundesmodell |
| Saarland | Bundesmodell mit abweichenden Messzahlen |
| Sachsen | Bundesmodell mit abweichenden Messzahlen |
| Sachsen-Anhalt | Bundesmodell |
| Schleswig-Holstein | Bundesmodell |
| Thüringen | Bundesmodell |

## Bayern: Flächenmodell – Äquivalenzprinzip

Bayern nutzt die Länderöffnungsklausel und hat – allerdings erst im Dezember 2021 – ein Flächenmodell verabschiedet. Es orientiert sich nicht an Werten, vielmehr soll der Äquivalenzgedanke maßgebend sein.

Weil die Kommunen ihren Bürgerinnen und Bürgern und den ansässigen Unternehmen die zur Nutzung der Grundstücke notwendige Infrastruktur zur Verfügung stellen, müssen Kosten gedeckt werden. Soweit die entstehenden Kosten individuell zugeordnet werden können, werden sie von den Nutznießern als Gebühren oder Beiträge erhoben. Davon sind beispielsweise Erschließungsbeiträge oder Straßenausbaubeiträge betroffen. Überschießende Kosten und gemeindliche Aufgaben werden dagegen durch die Kommunen auch über die Realsteuern finanziert, zu denen die Grundsteuer gehört. Derartige kommunale Aufgaben betreffen beispielsweise:

- Brandschutz
- Räumdienste
- Kinderbetreuung
- Schulen
- Spielplätze
- Kulturelle Einrichtungen
- Wirtschaftsförderung

Entscheidend für die Belastung mit Grundsteuer sind somit die Kosten der Kommunen für die vorgenannten Leistungen an Bürgerinnen, Bürger und Unternehmen. Dieses Prinzip wird von den Befürwortern des Flächenmodells als „Äquivalenzprinzip" verstanden. Dieses Äquivalenzprinzip dient beim Flächenmodell nicht nur zur Rechtfertigung, dass die Kommune eine Grundsteuer erheben darf. Vielmehr soll es auch den Maßstab rechtfertigen, nach dem die Nutzer der Grundsteuer an den Kosten beteiligt werden. Insoweit sollen die Flächen des Grund und Bodens als auch die Gebäudeflächen maßgebend sein.

Die Bemessungsgrundlage für die Grundsteuer soll im Flächenmodell künftig durch Multiplikation von Flächenbezugsgrößen und nutzungsartabhängigen Äquivalenzzahlen ermittelt werden. Auf diese Bemessungsgrundlage wenden die Kommunen unmittelbar ihre Grundsteuerhebesätze an.

Zwei Grundstücke mit gleicher Nutzungsart und identischen Flächenmerkmalen werden innerhalb der Kommune somit gleich hoch mit Grundsteuer belastet. Dies ist nach dem Äquivalenzprinzip gerechtfertigt, weil beide Grundstücke vergleichbare finanzielle Leistungen der Kommune verursachen. Dies gilt unabhängig vom Wert des Grund und Bodens und des aufstehenden Gebäudes.

## Ermittlung des Äquivalenzwerts

Es gelten folgende Äquivalenzzahlen:

- 4 Cent pro Quadratmeter für die Grundstücksfläche
- 50 Cent pro Quadratmeter für zu Wohnzwecken genutzte Gebäudefläche
- 50 Cent pro Quadratmeter für nicht zu Wohnzwecken genutzte Gebäudefläche



Bei einer Nutzung zu Wohnzwecken beträgt die Grundsteuermesszahl nur 70 Prozent, weil das Wohnen ein hohes Gut ist, das nicht übermäßig mit Grundsteuer belastet werden sollte.

## Unbebaute Grundstücke

Bei unbebauten Grundstücken ist die Grundstücksfläche die maßgebende Bezugsgröße. Diese wird mit der Äquivalenzzahl für die Grundstücksfläche in Höhe von 4 Cent pro Quadratmeter multipliziert.

## Schema

Fläche des Grundstücks
x Äquivalenzzahl (4 Cent/Quadratmeter)

= Äquivalenzwert

## Bebaute Grundstücke

Für Zwecke der Grundsteuer wird künftig zwischen drei Fallgruppen bebauter Grundstücke unterschieden:

- zu Wohnzwecken genutzte Grundstücke (Wohngrundstücke)
- nicht zu Wohnzwecken genutzte Grundstücke (Nicht-Wohngrundstücke)
- teils zu Wohn-, teils zu Nicht-Wohnzwecken genutzte Grundstücke (gemischt genutzte Grundstücke)

Die Grundsteuerbemessungsgrundlage wird durch Multiplikation der jeweiligen Äquivalenzzahl mit der Grundstücksfläche und der Gebäudefläche sowie Addition der Teilergebnisse ermittelt.

Wird ein Gebäude teils zu Wohnzwecken und teils zu anderen Zwecken genutzt, ist die im vereinfachten Verfahren ermittelte Gebäudefläche (Wohn-/Nutzfläche) nach den tatsächlichen Nutzungsverhältnissen aufzuteilen. Die Nutzungsanteile sind vom Grundstückseigentümer zu erklären, soweit sie sich nicht bereits aus anderen Unterlagen eindeutig ergeben.

## Schema

| **Grund und Boden** | **Wohngebäude** | **Nichtwohngebäude** |
|---|---|---|
| Grundstücksfläche<br>x<br>Äquivalenzzahl<br>(4 ct/m²)<br>Mit Ausnahmekatalog in Abhängigkeit von der Grundstücksgröße | Gebäudefläche<br>(Wohnfläche)<br>x<br>Äquivalenzzahl<br>(50 ct/m²) | Gebäudefläche<br>(Nutzfläche)<br>x<br>Äquivalenzzahl<br>(50 ct/m²) |
| ↓ | ↓ | ↓ |

**Äquivalenzbetrag (Grundsteuerausgangsbetrag)**

| | | |
|---|---|---|
| Grundsteuermesszahl<br>100 % | Grundsteuermesszahl<br>70 %<br>abzgl. 25 % bei enger räumlicher Verbindung mit einem Betrieb der Land- und Forstwirtschaft (beim Betriebsinhaber, Familienangehörigen und Altenteilern)<br>abzgl. 25 % für Baudenkmäler | Grundsteuermesszahl<br>100 %<br>abzgl. 25 % für Baudenkmäler |

**Grundsteuer-Bemessungsgrundlage**



## Sonderregelung

Das Flächenmodell wird häufig als „Einfachmodell" bezeichnet. Allerdings unterscheiden sich die von den Eigentümern zu erklärenden Daten nur unwesentlich vom Bundesmodell. Das Baujahr und der Bodenrichtwert müssen beim Flächenmodell nicht erklärt werden. Die übrigen Daten, zwar in anderer Ausprägung, jedoch schon.

Beim Einfachmodell ist auf eine weitere Besonderheit hinzuweisen:

1. Übersteigt die Fläche des Grund und Bodens das Zehnfache der Wohnfläche, wird die Äquivalenzzahl für den darüber hinaus gehenden Teil der Fläche **nur zu 50 Prozent angesetzt,** wenn die Gebäude **mindestens zu 90 Prozent** der Wohnnutzung dienen und soweit **kein Fall der Nr. 2** Halbsatz 1 vorliegt.
2. Ist die Fläche des Grund und Bodens **zu mindestens 90 Prozent** weder bebaut noch befestigt, wird der Äquivalenzbetrag für die 10.000 m² übersteigende Fläche insgesamt wie folgt angesetzt:

$$\sqrt[1{,}42857]{\text{übersteigende Grund und Bodenfläche x } 0{,}04 \text{ EUR/m}^2}$$

   In den Fällen der Nr. 1 wird die Äquivalenzzahl für die Fläche des Grund und Bodens bis zum Zehnfachen der Wohnfläche stets zu 100 Prozent angesetzt.

Die Regelung widerspricht äußerlich dem Gedanken eines Einfachmodells, zumal die Wurzelfunktion nur mit einem wissenschaftlichen Taschenrechner ausgerechnet werden kann.

**Praxis-Tipp:**

Legen Sie Ihr Handy quer, wenn Sie die Taschenrechner-App aufgerufen haben.

### Verfassungsrechtliche Rechtfertigung des Flächenmodells

Die verfassungsrechtliche Rechtfertigung basiert auf der Annahme, dass die potenzielle Teilhabe an den Leistungen der Kommune (Äquivalenz) typisierend mit der Grundstücksfläche und Gebäudefläche steigt.

**Beispiel:**

Im Ergebnis ist im bayerischen Flächenmodell für eine Luxusvilla in teurer Bestlage (Baujahr 2022, Wohnfläche 200 m²) und für ein Fertighaus in Randlage (Baujahr 1950, Wohnfläche 200 m²) die gleiche Grundsteuer zu zahlen, wenn auch der Grund und Boden gleich groß ist. Der Grund: Die physikalischen Flächen beider Grundstücke sind identisch.

Dies kann kritisch beurteilt werden: Denn ein vermögender Gartenliebhaber mit großem Hausgarten nutzt beispielsweise die Infrastruktur (Grünanlagen) der Stadt keineswegs zwingend intensiver als eine kinderreiche Familie in kleiner Wohnung ohne großen Hausgarten.

**Hinweis:**

Es ist davon auszugehen, dass alle Grundsteuermodelle auf den verfassungsrechtlichen Prüfstand gestellt werden. Denn die realisierten Änderungen und Typisierungen können im Einzelfall zu deutlichen Belastungsverschiebungen führen.



## Baden-Württemberg: Bodenwertmodell

Baden-Württemberg hat ein reines Bodenwertmodell realisiert. Dort dient lediglich der Bodenwert als Bemessungsgrundlage für die Grundsteuer.

Im Wesentlichen entspricht der Wert dem Wert eines unbebauten Grundstücks, das im Bundesmodell bewertet wird. Gebäude bleiben somit in vollem Umfang bei der Ermittlung der Grundsteuer unberücksichtigt.

Das ist ein bedeutsamer Aspekt, wenn man bedenkt, dass die Grundsteuerreform in allen Ländern „aufkommensneutral" ausgestaltet werden soll. Damit ist gemeint, dass die Kommunen nach der Grundsteuerreform denselben Aufkommensbetrag vereinnahmen sollen, wie vor der Reform. Wenn nun in Baden-Württemberg die Gebäude aus der Besteuerungssubstanz herausfallen, ist klar, dass in Baden-Württemberg die Zeche der Reform von denen zu zahlen ist, die Eigentümer von unbebauten Grundstücken sind.

Um zu vermeiden, dass die Eigentümer von Wohngrundstücken zu stark belastet werden, wird für Wohngrundstücke ein Abschlag von 30 Prozent gewährt. Das bedeutet, das Modell in Baden-Württemberg muss in der Feststellungserklärung Angaben zu der Frage erhalten, ob das Grundstück **„überwiegend" zu Wohnzwecken dient. Denn nur unter dieser Voraussetzung gibt es den Abschlag von 30 Prozent. Obwohl das Bodenwertmodell von der Grundidee maximale Einfachheit verspricht, ist es damit vorbei, wenn** Gebäudeflächen abgefragt werden müssen. Deshalb unterscheidet sich das einfache Modell von Baden-Württemberg vom Bundesmodell – von Einzelheiten abgesehen – im Wesentlichen von der Angabe des Baujahrs. Dieses ist im Bodenwertmodell irrelevant. Das erscheint nur als ein kleiner Vorteil. Denn beim Bundesmodell sind zur Berechnung der Alterswertminderung nur Baujahre nach 1966 genau anzugeben. Für ältere Gebäude wird eine Mindestrestnutzungsdauer angesetzt, so dass das genaue Jahr der Bezugsfertigkeit irrelevant ist. Das bedeutet, das Baujahr ist keine besonders schwierig zu erklärende Größe. Der Vorteil beim Bodenwertmodell hält sich also in Grenzen.

Es gab bereits eine Klage beim Verfassungsgerichtshof in Stuttgart. Es sollte geklärt werden, ob es dem Gleichheitssatz des Grundgesetzes entspricht, wenn die Grundsteuer für ein Einfamilienhausgrundstück genauso hoch ist wie für ein Hochhausgrundstück, wenn die Grundstücksgröße identisch ist. Der Verfassungsgerichtshof hat die Klage jedoch abgewiesen, weil die Eigentümer von der Entscheidung erst ab dem Jahr 2025 belastet sein können. Das heißt also, dass erst ab dem Jahr 2025 Klagen beim Verfassungsgerichtshof eingereicht werden können.

**Hinweis:**

Im Ergebnis dürften sich beim Bodenwertmodell die stärksten Belastungsverwerfungen im Einzelfall ergeben.

## Hessen: Flächen-Faktor-Verfahren

Das Flächen-Faktor-Verfahren baut auf dem Äquivalenzgedanken des Flächenmodells auf. Allerdings wird das rechnerische Ergebnis des Flächenmodells mit einem wertabhängigen Faktor multipliziert.

Das Ergebnis des hessischen Flächen-Faktor-Modells ergibt sich aus der nachstehenden Formel:

$$\text{BMG GrSt HE} = \text{Äquivalenzwert} * \sqrt[3{,}3333]{\frac{\text{BRW der Zone}}{\text{durchschnittl. flächengewichteter BRW der Kommune}}}$$

BMG = Bemessungsgrundlage; BRW = Bodenrichtwert; GrSt = Grundsteuer; HE = Hessen

Aus dieser Formel ergibt sich: Ist der Bodenrichtwert des zu bewertenden Grundstücks doppelt so hoch wie der durchschnittliche flächengewichtete Bodenrichtwert der Kommune, ergibt sich eine Erhöhung von 20 Prozent, beim halben Wert eine Minderung von 20 Prozent.



Im Ergebnis führt der wertabhängige Faktor zu einem verfassungsrechtlich nicht erprobten Mischmodell, denn die verfassungsrechtliche Rechtfertigung für die Steuer ist in Hessen nicht nur die **Äquivalenz zwischen infrastrukturellen Leistungen und der Grundstücks- und Gebäudefläche.** Darüber hinaus wird der wertabhängige Lagegedanke in die Grundsteuer integriert, denn:

- Grundstücke, die über dem durchschnittlichen Wertniveau der Gemeinde liegen, werden – gegenüber dem bayerischen Flächenmodell – mit einem höheren Wert der Grundsteuer unterworfen.
- Grundstücke, die unter dem durchschnittlichen Wertniveau der Gemeinde liegen, werden – gegenüber dem bayerischen Flächenmodell – mit einem niedrigeren Wert der Grundsteuer unterworfen.

**Hinweis:**

Weitere Informationen zum hessischen Modell finden Sie unter: https://finanzen.hessen.de/steuern/reform-der-grundsteuer

Auf dieser Seite finden Sie auch den Hinweis: „Das Hessen-Modell der Grundsteuer ist gerecht, einfach und verständlich ... Verständlich, weil die Berechnung kurz und der Einfluss der Angaben auf das Ergebnis klar ist. Das alles sind für Grundstückseigner wie für die Verwaltung klare Vorzüge gegenüber dem komplizierteren Bundes-Modell."

**Praxis-Tipp:**

Die Wurzelfunktion können Sie mit den meisten Taschenrechner-Apps nutzen, wenn Sie Ihr Handy querlegen, weil dann die wissenschaftliche Ansicht erscheint.

Möglicherweise werden sich im hessischen Modell deutliche Hebesatzschwankungen innerhalb des Landes ergeben, weil der Faktor nur eine innerkommunale Differenzierung realisiert. Eine interkommunale Unterscheidung der Bemessungsgrundlagen findet dagegen nicht statt.



## Niedersachsen: Flächen-Lage-Modell

Das Flächen-Lage-Modell von Niedersachsen entspricht im Wesentlichen dem hessischen Flächen-Faktor-Modell.

Niedersachsen bemängelte am bayerischen Flächenmodell, dass für Grundstücke gleicher Größe in der derselben Gemeinde stets dieselbe Grundsteuer zu zahlen ist, unabhängig, ob sie in

- guter Lage,
- gehobener Lage oder
- sehr guter Lage

liegen. Das wurde von Niedersachsen als nicht vermittelbar bzw. nicht gerecht angesehen. Allerdings realisiert Niedersachsen mit seinem Modell ebenfalls wie Hessen lediglich eine stärkere Differenzierung innerhalb der Gemeinden. Zwischen den Gemeinden findet keine Differenzierung statt.

Somit gilt in Niedersachsen die nachstehende Formel:

$$\text{BMG GrSt HE} = \text{Äquivalenzwert} * \sqrt[3{,}3333]{\frac{\text{BRW der Zone}}{\text{durchschnittl. flächengewichteter BRW der Kommune}}}$$

BMG = Bemessungsgrundlage; BRW = Bodenrichtwert; GrSt = Grundsteuer; HE = Hessen

Aus dieser Formel ergibt sich: Ist der Bodenrichtwert des zu bewertenden Grundstücks doppelt so hoch wie der durchschnittliche flächengewichtete Bodenrichtwert der Kommune, ergibt sich eine Erhöhung von 20 Prozent und beim halben Wert eine Minderung von 20 Prozent.

## Hamburg: Wohnlagemodell



Hamburg hat bei der Grundsteuer ein sogenanntes Wohnlagemodell realisiert. Es basiert auf dem Rechenergebnis des Äquivalenzmodells von Bayern.

Zusätzlich wird ein lageabhängiger Faktor zur Begünstigung (25 Prozent) von Wohngebäuden in normalen Lagen eingeführt. In „normalen" Wohnlagen wird der Wert des Flächenmodells nur mit 75 Prozent angesetzt.

Ob ein Wohngrundstück eine „gute" oder nur eine „normale" Wohnlage hat, ergibt sich in Hamburg aus einem Wohnlageverzeichnis. Dabei handelt es sich um eine Auflistung aller Straßen, die nach bestimmten Kriterien in die verschiedenen Lagen eingeteilt werden.

## Saarland und Sachsen: Abweichende Messzahlen

Die Länder Saarland und Sachsen werden das Bundesmodell umsetzen. Sie haben allerdings abweichende Grundsteuermesszahlen eingeführt.

Es gelten folgende Grundsteuermesszahlen:

**Saarland:**

- 0,64 Promille für unbebaute Grundstücke
- 0,34 Promille für Wohngrundstücke
- 0,64 Promille für Nichtwohngrundstücke

**Sachsen:**

- 0,36 Promille für unbebaute Grundstücke
- 0,36 Promille für Wohngrundstücke
- 0,72 Promille für Geschäftsgrundstücke

## Aufkommensneutralität

Die vom Gesetzgeber angestrebte Aufkommensneutralität der Grundsteuerreform ist keineswegs nur theoretischer Natur. Es spricht von der Grundkonzeption der Grundsteuerreform einiges dafür, dass die Hebesätze in der Praxis weitgehend unverändert bleiben können.

Das Grundsteueraufkommen ergibt sich aus dem Produkt von drei Faktoren:

| $\text{Grundsteuerwert}_{\text{FinVerw}} \times \text{Grundsteuermesszahl}_{\text{FinVerw}} \times \text{Hebesatz}_{\text{Kommune}}$ |
|---|

Die Aufkommensneutralität soll erreicht werden, indem das bisherige Grundsteuermessbetragsvolumen konstant gehalten wird.

Das bedeutet, das (Teil-)Produkt aus:

| $\text{Summe aller Grundsteuerwerte}_{\text{neues Recht}} \times \text{Grundsteuermesszahl}_{\text{neues Recht}}$ |
|---|

soll nach der Reform identisch bleiben mit dem (Teil-)Produkt aus:

| $\text{Summe aller Einheitswerte}_{\text{altes Recht}} \times \text{Grundsteuermesszahl}_{\text{altes Recht}}$ |
|---|

Dazu hat das Bundesministerium für Finanzen die voraussichtliche Summe aller $\text{Grundsteuerwerte}_{\text{neues Recht}}$ geschätzt und durch Vergleich mit der derzeitigen Summe aller $\text{Einheitswerte}_{\text{altes Recht}}$ die neue Grundsteuermesszahl berechnet.

Diese Steuermesszahl von 0,34 Promille bzw. 0,31 Promille für Wohngrundstücke spiegelt den geschätzten Bundesdurchschnitt wider.

**Hinweis:**

Allerdings darf die Aufkommensneutralität nicht mit einer Belastungsneutralität im Einzelfall verwechselt werden.

Belastungsneutralität ist in der politischen Diskussion weder in Aussicht gestellt worden, noch möglich. Die Beseitigung des derzeit bestehenden verfassungswidrigen Zustands schließt Belastungsänderungen im Einzelfall nicht aus, sondern ist die zu erwartende Folge der Reform. Denn in den letzten Jahrzehnten zahlten einige Eigentümer zu viel, andere dafür zu wenig Grundsteuer.

Letztlich ist für Sie als Steuerzahler entscheidend, ob Sie zu den Gewinnern oder Verlierern der Grundsteuerreform gehören. Deshalb ist es erforderlich, einen Belastungsvergleich anzustellen. Dieser ist deshalb nur mit erheblichen Schwierigkeiten zu prognostizieren, weil die Kommune auch im Fall eines unveränderten Grundsteuermessbetragsvolumens ihr verfassungsrechtlich garantiertes Hebesatzrecht ausüben kann. Damit kann die Gemeinde die Höhe der im Einzelfall eintretenden Belastung zusätzlich zur Grundsteuerreform beeinflussen.

# Hauptfeststellung



9

## Erstmaliger Bewertungszeitpunkt: Hauptfeststellung 01.01.2022

Die Grundsteuerreform wird durch eine neue „Hauptfeststellung" realisiert. Das bedeutet, für alle Grundstücke wird zum Hauptfeststellungszeitpunkt ein neuer Grundsteuerwert festgestellt. Hauptfeststellungszeitpunkt ist der 01.01.2022.

Der Bescheid über den Grundsteuerwert ist ein Grundlagenbescheid, das heißt, der Grundsteuerwert ist bindend für den Grundsteuermessbescheid. Der Grundsteuermessbescheid ist ebenfalls ein Grundlagenbescheid. Beide Bescheide kommen vom Finanzamt.

Der Grundsteuermessbescheid ist bindend für den Grundsteuerbescheid, der von der Kommune erteilt wird.

**Praxis-Tipp:**

Sofern Sie mit dem Bescheid über den Grundsteuerwert oder den Grundsteuermessbetrag nicht einverstanden sind, müssen Sie innerhalb der Rechtsbehelfsfrist schriftlich beim Finanzamt Einspruch einlegen. Versäumen Sie die Rechtsbehelfsfrist, können Sie Ihre Bedenken nicht mehr im Verfahren gegen den Grundsteuerbescheid vorbringen. Deshalb ist eine rasche Prüfung der Bescheide äußerst wichtig.

Das neue Recht hält an der bisherigen Konzeption der regelmäßig wiederkehrenden Hauptfeststellungen fest. Die aktuell anstehende Hauptfeststellung fand am 01.01.2022 statt. Die nächste Hauptfeststellung soll in sieben Jahren erfolgen, also am 01.01.2029.



Zwischen zwei Hauptfeststellungszeitpunkten sind ggf. Fortschreibungen und Nachfeststellungen durchzuführen, bei denen aber die Wertverhältnisse des letzten Hauptfeststellungszeitpunkts maßgeblich bleiben.

## Anwendung der neuen Werte für die Grundsteuer

Wie heute bei den Einheitswerten wird auch in Zukunft der gemeindliche Hebesatz nicht direkt auf die neuen Grundsteuerwerte angewendet werden. Unverändert wird zunächst durch Multiplikation einer gesetzlich festgelegten Steuermesszahl mit dem Grundsteuerwert ein Steuermessbetrag festgesetzt, auf den dann der gemeindliche Hebesatz angewendet wird.

Die neuen Grundsteuerwerte finden für die Grundsteuer ab dem Jahr 2025 Anwendung.

## Erklärungsabgabe

Mangels aktuell vorhandener Daten müssen Sie als Steuerzahler zunächst für den ersten Hauptfeststellungszeitpunkt 01.01.2022 eine Steuererklärung für jede einzelne wirtschaftliche Einheit abgeben, die Ihnen gehört.

**Hinweis:**

Die Erklärung müssen Sie online auf der Internetplattform ELSTER abgeben. Dafür sollten Sie sich umgehend registrieren. Sofern Sie bereits registriert sind, können Sie diesen Zugang für die Grundsteuer nutzen.

Sie können davon ausgehen, dass die Finanzverwaltungen der Länder

- Berlin
- Brandenburg
- Bremen
- Mecklenburg-Vorpommern
- Nordrhein-Westfalen
- Rheinland-Pfalz

9

- Saarland
- Sachsen
- Sachsen-Anhalt
- Schleswig-Holstein
- Thüringen

Sie öffentlich auffordern werden, die Erklärungen zur Ermittlung des Grundsteuerwerts abzugeben. Die öffentliche Aufforderung ist für das Bundesmodell bereits im Bundessteuerblatt veröffentlicht worden und für alle Eigentümer verbindlich. Dabei bezieht sich die Aufforderung auf den Hauptfeststellungszeitpunkt 01.01.2022 und gilt nicht nur für Grundstücke, sondern auch für Betriebe der Land- und Forstwirtschaft. Dieser Ratgeber verzichtet allerdings auf nähere Informationen zur Ermittlung des Grundsteuerwerts für die Betriebe der Land- und Forstwirtschaft.

**Wichtig:** Die Frist, innerhalb der die Erklärungen zur Feststellung des Grundsteuerwerts abzugeben ist, wird bereits am 31.10.2022 enden. Die Abgabe der Erklärung ist erst ab dem 01.07.2022 möglich.

Ebenso wichtig ist die Tatsache, dass Sie die Erklärung nach amtlich vorgeschriebenem Datensatz durch Datenfernübertragung (elektronisches Formular) zu übermitteln haben. Das heißt, Sie müssen die Erklärung online einreichen.

Zuständig ist das Finanzamt, in dessen Bezirk das zu bewertende Grundstück oder der zu bewertende Betrieb der Land- und Forstwirtschaft liegt.



**Hinweis:**

Die elektronischen Formulare für die Erklärung zur Feststellung des Grundsteuerwerts werden ab 01.07.2022 im Portal „Mein ELSTER“ (www.elster.de) bereitgestellt. Für die elektronische Übermittlung über das Portal „Mein ELSTER“ ist eine vorherige Registrierung unter www.elster.de erforderlich. Diese Registrierung ist kostenlos, kann aber bis zu zwei Wochen dauern.

Zur Abgabe der Erklärung zur Feststellung des Grundsteuerwerts sind folgende Personen verpflichtet:

- Eigentümer eines Grundstücks
- Eigentümer eines Betriebs der Land- und Forstwirtschaft
- bei Grundstücken, die mit einem Erbbaurecht belastet sind: Erbbauberechtigte unter Mitwirkung des Eigentümers des Grundstücks (Erbbauverpflichtete)
- bei Grundstücken mit Gebäuden auf fremdem Grund und Boden: Eigentümer des Grund und Bodens unter Mitwirkung des Eigentümers des Gebäudes

### Folgen bei Nichtabgabe oder bei verspäteter Abgabe

Bei Nichtabgabe oder verspäteter Abgabe der Erklärung zur Feststellung des Grundsteuerwerts kann ein Verspätungszuschlag von bis zu 25.000 Euro festgesetzt werden. Die Höhe des Verspätungszuschlags ist maßgeblich von der Dauer der Fristüberschreitung abhängig. Bei Nichtabgabe der Erklärung kann das Finanzamt darüber hinaus die Besteuerungsgrundlagen schätzen.

**Praxis-Tipp:**

Weitere Informationen und Hilfen finden Sie im Internet unter: www.grundsteuerreform.de

## Papiervordrucke

Zur Vermeidung von Härten sieht der Gesetzgeber vor, dass Sie die Erklärung selbstverständlich auch auf Papiervordrucken einreichen können. Dazu brauchen Sie nur einen entsprechenden Antrag stellen. Ein Grund wäre beispielsweise, dass Sie keinen PC besitzen und die Beschaffung allein für Zwecke der Abgabe der Feststellungserklärung unwirtschaftlich wäre.

Sie können den Antrag zur Vermeidung von Härten direkt zusammen mit den Erklärungsvordrucken einreichen. Jedoch ist eines klar: Damit die Mammutaufgabe der Grundsteuerreform rechtzeitig umgesetzt werden kann, ist die Finanzverwaltung auf eine Online-Abgabe angewiesen.

**Wichtig:** Verwenden Sie ausschließlich die amtlichen Vordrucke. Denn die Finanzverwaltung kann die Vordrucke nur dann sicher für das Scannen nutzen, wenn die Farben einwandfrei dargestellt sind.

Die Reform der Grundsteuer stellt die Finanzverwaltung vor große Herausforderungen. Bis Ende des Jahres 2024 müssen deutschlandweit rund 36 Millionen wirtschaftliche Einheiten den Bescheid mit dem neuen Grundsteuerwert erhalten.

## So sehen die Vordrucke aus

Wenn Sie sich bereits jetzt mit den Vordrucken auseinandersetzen wollen, schauen Sie in die folgenden Auszüge.

# Vordruck GW-1

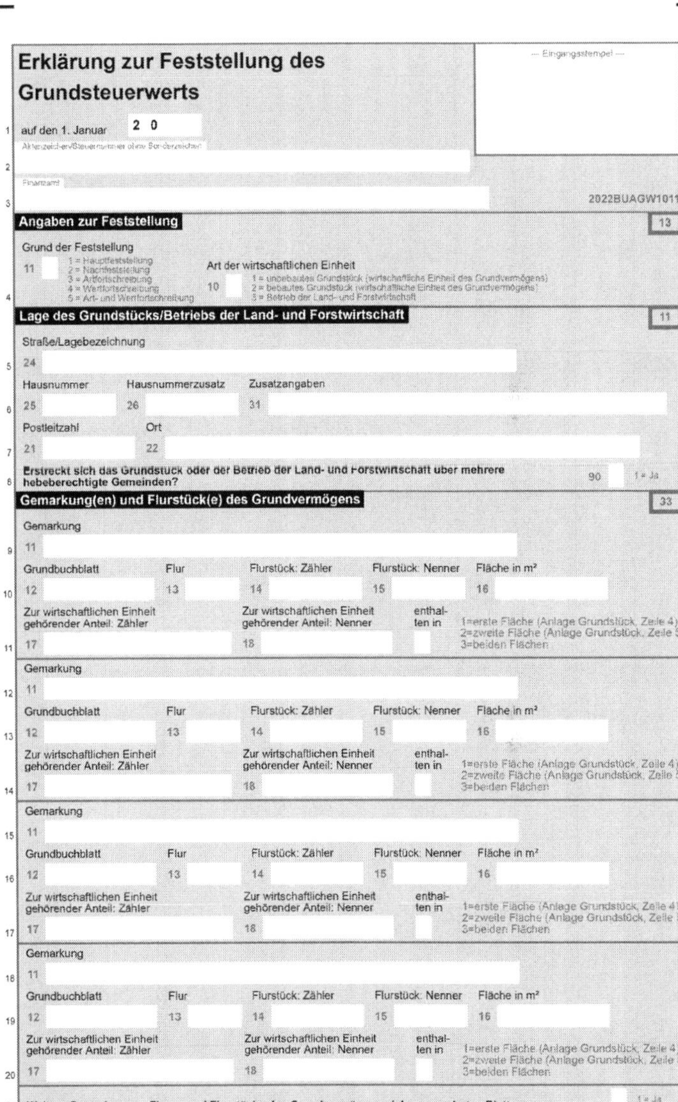

## Erklärung zur Feststellung des Grundsteuerwerts

— Eingangsstempel —

1 auf den 1. Januar 2 0

Aktenzeichen/Steuernummer ohne Sonderzeichen

2

Finanzamt

3 2022BUAGW1011

**Angaben zur Feststellung** 13

Grund der Feststellung

11 1 = Hauptfeststellung
2 = Nachfeststellung
3 = Artfortschreibung
4 = Wertfortschreibung
5 = Art- und Wertfortschreibung

Art der wirtschaftlichen Einheit

4 10 1 = unbebautes Grundstück (wirtschaftliche Einheit des Grundvermögens)
2 = bebautes Grundstück (wirtschaftliche Einheit des Grundvermögens)
3 = Betrieb der Land- und Forstwirtschaft

**Lage des Grundstücks/Betriebs der Land- und Forstwirtschaft** 11

Straße/Lagebezeichnung

5 24

Hausnummer | Hausnummerzusatz | Zusatzangaben

6 25 | 26 | 31

Postleitzahl | Ort

7 21 | 22

8 **Erstreckt sich das Grundstück oder der Betrieb der Land- und Forstwirtschaft über mehrere hebeberechtigte Gemeinden?** 90 1 = Ja

**Gemarkung(en) und Flurstück(e) des Grundvermögens** 33

Gemarkung

9 11

Grundbuchblatt | Flur | Flurstück: Zähler | Flurstück: Nenner | Fläche in m²

10 12 | 13 | 14 | 15 | 16

Zur wirtschaftlichen Einheit gehörender Anteil: Zähler | Zur wirtschaftlichen Einheit gehörender Anteil: Nenner | enthalten in

11 17 | 18 | 1=erste Fläche (Anlage Grundstück, Zeile 4) 2=zweite Fläche (Anlage Grundstück, Zeile 5) 3=beiden Flächen

Gemarkung

12 11

Grundbuchblatt | Flur | Flurstück: Zähler | Flurstück: Nenner | Fläche in m²

13 12 | 13 | 14 | 15 | 16

Zur wirtschaftlichen Einheit gehörender Anteil: Zähler | Zur wirtschaftlichen Einheit gehörender Anteil: Nenner | enthalten in

14 17 | 18 | 1=erste Fläche (Anlage Grundstück, Zeile 4) 2=zweite Fläche (Anlage Grundstück, Zeile 5) 3=beiden Flächen

Gemarkung

15 11

Grundbuchblatt | Flur | Flurstück: Zähler | Flurstück: Nenner | Fläche in m²

16 12 | 13 | 14 | 15 | 16

Zur wirtschaftlichen Einheit gehörender Anteil: Zähler | Zur wirtschaftlichen Einheit gehörender Anteil: Nenner | enthalten in

17 17 | 18 | 1=erste Fläche (Anlage Grundstück, Zeile 4) 2=zweite Fläche (Anlage Grundstück, Zeile 5) 3=beiden Flächen

Gemarkung

18 11

Grundbuchblatt | Flur | Flurstück: Zähler | Flurstück: Nenner | Fläche in m²

19 12 | 13 | 14 | 15 | 16

Zur wirtschaftlichen Einheit gehörender Anteil: Zähler | Zur wirtschaftlichen Einheit gehörender Anteil: Nenner | enthalten in

20 17 | 18 | 1=erste Fläche (Anlage Grundstück, Zeile 4) 2=zweite Fläche (Anlage Grundstück, Zeile 5) 3=beiden Flächen

21 **Weitere Gemarkungen, Fluren und Flurstücke des Grundvermögens siehe gesondertes Blatt.** 1 = Ja

**Empfangsvollmacht** 46

Anredeschlüssel (siehe Ausfüllanleitung) | Titel/akademischer Grad

22 10 | 14

Vorname/Firma Zeile 1

23 13

Name/Firma Zeile 2

24 11

Straße

25 24

Hausnummer | Hausnummerzusatz | Telefonnummer

26 25 | 26

Postleitzahl | Postfach | Ort

27 40 | 27 | 22

Postleitzahl (bei Auslandsanschrift) | Land (bei Auslandsanschrift)

28 20 | 30

29 Bei Bruchteilsgemeinschaften: Der/Die in den Zeilen 22 bis 28 eingetragene Empfangsbevollmächtigte ist ein/e Empfangsbevollmächtigte/r im Sinne von § 183 der Abgabenordnung. 1 = Ja

**Ergänzende Angaben zur Feststellungserklärung**

Über die Angaben in der Feststellungserklärung hinaus sind folgende weitere oder abweichende Angaben oder Sachverhalte zu berücksichtigen:

30

**Grundsteuerbefreiung/-vergünstigung**

31 Der Grundbesitz wird ganz oder teilweise von einem begünstigten Rechtsträger oder für steuerbegünstigte Zwecke verwendet oder es liegen die Voraussetzungen für eine Ermäßigung der Steuermesszahl vor. Die Anlage Grundsteuerbefreiung/-vergünstigung ist zusätzlich zu der Anlage Grundstück oder der Anlage Land- und Forstwirtschaft beigefügt. 1 = Ja

**Eigentumsverhältnisse** 13

32 Eigentumsverhältnisse 40

0 = Alleineigentum einer natürlichen Person
1 = Alleineigentum einer Körperschaft des öffentlichen Rechts
2 = Alleineigentum einer unternehmerisch tätigen juristischen Person
3 = Alleineigentum einer nicht unternehmerisch tätigen juristischen Person
4 = Ehegatten/Lebenspartner
5 = Erbengemeinschaft
6 = Bruchteilsgemeinschaft
7 = Grundstücksgemeinschaft ausschl. von natürlichen Personen
8 = Grundstücksgemeinschaft ausschl. von juristischen Personen
9 = andere Grundstücksgemeinschaft

**Angaben zu Erbengemeinschaften, Bruchteilsgemeinschaften und Gemeinschaften ohne geschäftsüblichen Namen** 45

Bei Eigentumsverhältnis 0-4 oder 7-9 mit geschäftsüblichem Namen (zum Beispiel OHG oder KG) weiter mit Zeile 41.

Bei Eigentumsverhältnis 5 und 6 oder 7-9 ohne geschäftsüblichen Namen bitte Zeilen 33 bis 40 und zusätzlich die Zeilen 41 ff. ausfüllen.

33 Anredeschlüssel (siehe Ausfüllanleitung) 10

Name der Gemeinschaft Zeile 1

34 91

Name der Gemeinschaft Zeile 2

35 92

Straße

36 24

Hausnummer | Hausnummerzusatz

37 25 | 26

Postleitzahl | Postfach | Ort

38 40 | 27 | 22

Postleitzahl (bei Auslandsanschrift) | Land (bei Auslandsanschrift)

39 20 | 30

40 Für weitere, im Hauptvordruck nicht angegebene Eigentümer(innen)/Beteiligte ist die Anlage Feststellungsbeteiligte beigefügt. 1 = Ja

9

**Eigentümer(innen)/Beteiligte** 45 / 46

41 Laufende Nummer des Eigentümers/der Eigentümerin oder des/der Beteiligten

Anredeschlüssel (siehe Ausfüllanleitung) | Titel/akademischer Grad | Geburtsdatum

42 10 | 14 | 18

Vorname/Firma Zeile 1

43 13

Name/Firma Zeile 2

44 11

Straße

45 24

Hausnummer | Hausnummerzusatz | Telefonnummer

46 25 | 26 |

Postleitzahl | Postfach | Ort

47 40 | 27 | 22

Postleitzahl (bei Auslandsanschrift) | Land (bei Auslandsanschrift)

48 20 | 30

Wohnsitz-/Betriebsstätten-Finanzamt

49 74

Steuernummer | Identifikationsnummer

50 73 | 19

**Anteil am Grundstück/Betrieb der Land- und Forstwirtschaft**

Zähler | Nenner

51 70 | 71

**gegebenenfalls gesetzlich vertreten durch:**

Anredeschlüssel (siehe Ausfüllanleitung) | Titel/akademischer Grad

52 10 | 14

Vorname/Firma Zeile 1

53 13

Name/Firma Zeile 2

54 11

Straße

55 24

Hausnummer | Hausnummerzusatz | Telefonnummer

56 25 | 26 |

Postleitzahl | Postfach | Ort

57 40 | 27 | 22

Postleitzahl (bei Auslandsanschrift) | Land (bei Auslandsanschrift)

58 20 | 30

9

59 Laufende Nummer des Eigentümers/der Eigentümerin oder des/der Beteiligten

Anredeschlüssel (siehe Ausfüllanleitung) | Titel/akademischer Grad | Geburtsdatum

60 10 | 14 | 18

Vorname/Firma Zeile 1

61 13

Name/Firma Zeile 2

62 11

Straße

63 24

Hausnummer | Hausnummerzusatz | Telefonnummer

64 25 | 26 |

Postleitzahl | Postfach | Ort

65 40 | 27 | 22

Postleitzahl (bei Auslandsanschrift) | Land (bei Auslandsanschrift)

66 20 | 30

Wohnsitz-/Betriebsstätten-Finanzamt

67 74

Steuernummer | Identifikationsnummer

68 73 | 19

**Anteil am Grundstück/Betrieb der Land- und Forstwirtschaft**

Zähler | Nenner

69 70 | 71

**gegebenenfalls gesetzlich vertreten durch:**

Anredeschlüssel (siehe Ausfüllanleitung) | Titel/akademischer Grad

70 10 | 14

Vorname/Firma Zeile 1

71 13

Name/Firma Zeile 2

72 11

Straße

73 24

Hausnummer | Hausnummerzusatz | Telefonnummer

74 25 | 26 |

Postleitzahl | Postfach | Ort

75 40 | 27 | 22

Postleitzahl (bei Auslandsanschrift) | Land (bei Auslandsanschrift)

76 20 | 30

77 Laufende Nummer des Eigentümers/der Eigentümerin oder des/der Beteiligten

Anredeschlüssel (siehe Ausfüllanleitung) | Titel/akademischer Grad | Geburtsdatum

78 10 | 14 | 18

Vorname/Firma Zeile 1

79 13

Name/Firma Zeile 2

80 11

Straße

81 24

Hausnummer | Hausnummerzusatz | Telefonnummer

82 25 | 26 |

Postleitzahl | Postfach | Ort

83 40 | 27 | 22

Postleitzahl (bei Auslandsanschrift) | Land (bei Auslandsanschrift)

84 20 | 30

Wohnsitz-/Betriebsstätten-Finanzamt

85 74

Steuernummer | Identifikationsnummer

86 73 | 19

**Anteil am Grundstück/Betrieb der Land- und Forstwirtschaft**

Zähler | Nenner

87 70 | 71

**gegebenenfalls gesetzlich vertreten durch:**

Anredeschlüssel (siehe Ausfüllanleitung) | Titel/akademischer Grad

88 10 | 14

Vorname/Firma Zeile 1

89 13

Name/Firma Zeile 2

90 11

Straße

91 24

Hausnummer | Hausnummerzusatz | Telefonnummer

92 25 | 26 |

Postleitzahl | Postfach | Ort

93 40 | 27 | 22

Postleitzahl (bei Auslandsanschrift) | Land (bei Auslandsanschrift)

94 20 | 30

**Unterschrift**

Datenschutzhinweis:
Die mit der Feststellungserklärung angeforderten Daten werden aufgrund der §§ 149, 150 und 181 Absatz 2 der Abgabenordnung sowie § 228 des Bewertungsgesetzes erhoben. Die Angabe der Telefonnummer ist freiwillig. Informationen über die Verarbeitung personenbezogener Daten in der Steuerverwaltung und über Ihre Rechte nach der Datenschutz-Grundverordnung sowie über Ihre Ansprechpartner in Datenschutzfragen entnehmen Sie bitte dem allgemeinen Informationsschreiben der Finanzverwaltung. Dieses Informationsschreiben finden Sie unter www.finanzamt.de (unter der Rubrik „Datenschutz") oder erhalten Sie bei Ihrem Finanzamt.

Bei Bruchteilsgemeinschaften und Empfangsbevollmächtigung im Sinne von § 183 der Abgabenordnung:
Ich wurde von den Beteiligten bevollmächtigt, diese bei der Erstellung und Unterzeichnung der Feststellungserklärung zu vertreten. Der/Die in den Zeilen 22 bis 28 benannte Bevollmächtigte wurde von sämtlichen Feststellungsbeteiligten bestellt. Ich habe alle Feststellungsbeteiligten davon in Kenntnis gesetzt, dass – soweit kein/e vertretungsberechtigte/r Geschäftsführer/in vorhanden ist – der/dem in den Zeilen 22 bis 28 benannten Bevollmächtigten im Feststellungsverfahren grundsätzlich die ausschließliche Einspruchs- und Klagebefugnis zusteht.

Datum, eigenhändige Unterschrift der Person, die für die Erstellung der Erklärung zur Feststellung des Grundsteuerwerts verantwortlich ist: | Bei der Anfertigung dieser Feststellungserklärung hat mitgewirkt:

95

96

97



9

# Anleitung

## zur Erklärung zur Feststellung des Grundsteuerwerts (Vordruck GW-1)

Diese Anleitung informiert Sie über Ihre steuerlichen Pflichten und hilft Ihnen, den Vordruck richtig auszufüllen.

Die Erklärung zur Feststellung des Grundsteuerwerts ist nach amtlich vorgeschriebenem Datensatz durch Datenfernübertragung zu übermitteln (§ 228 Bewertungsgesetz i. V. m. § 87a Abs. 6 Satz 1 Abgabenordnung).
Für die elektronisch authentifizierte Übermittlung benötigen Sie ein Zertifikat. Dieses erhalten Sie nach kostenloser Registrierung unter www.elster.de. Bitte beachten Sie, dass die Registrierung bis zu zwei Wochen dauern kann. Unter www.elster.de/elsterweb/softwareprodukt finden Sie Programme zur elektronischen Übermittlung. Auf Antrag kann das Finanzamt zur Vermeidung unbilliger Härten auf eine elektronische Übermittlung verzichten.

Belege sind mit der Erklärung zur Feststellung des Grundsteuerwerts nur auf Anforderung des Finanzamts einzureichen.

Zur Feststellungserklärung gehören der **Hauptvordruck (GW-1)** und gegebenenfalls folgende Anlagen:

| für | die Anlage | für | gesonderte Anleitung vorhanden |
|---|---|---|---|
| **Feststellungen gegenüber mehr als drei Personen** | **Feststellungsbeteiligte (GW-1A)** | Angaben zu weiteren Eigentümerinnen und Eigentümern, wenn der Platz auf dem Hauptvordruck (GW-1) nicht ausreicht | |
| **Grundvermögen** | **Grundstück (GW-2)** | Angaben zum Grund und Boden und Gebäude | ☑ |
| | **Einlageblatt zur Anlage Grundstück (GW-2A)** | Angaben zu weiteren Gebäuden oder Gebäudeteilen auf dem Grundstück | |
| **land- und forstwirtschaftliches Vermögen** | **Land- und Forstwirtschaft (GW-3)** | alle Flurstücke und deren Nutzung | ☑ |
| | **Tierbestand (GW-3A)** | gehaltene und erzeugte Tiere | ☑ |
| **Steuerbefreiungen und -vergünstigungen** | **Grundsteuerbefreiung/-vergünstigung (GW-4)** | Anträge auf Grundsteuerbefreiungen oder Ermäßigungen der Steuermesszahl | ☑ |

### Wie fülle ich die Erklärung aus?

Füllen Sie alle Felder aus, die für das Grundstück bzw. den Betrieb der Land- und Forstwirtschaft infrage kommen. Verwenden Sie bitte aussagekräftige Abkürzungen, soweit erforderlich.

### Wer muss die Feststellungserklärung abgeben?

- Eigentümerinnen oder Eigentümer eines Grundstücks
- Eigentümerinnen oder Eigentümer eines Betriebs der Land- und Forstwirtschaft
- Bei Grundstücken, die mit einem Erbbaurecht belastet sind:
  Erbbauberechtigte unter Mitwirkung der Eigentümerin oder des Eigentümers des Grundstücks (Erbbauverpflichtete)
- Bei Grundstücken mit Gebäuden auf fremdem Grund und Boden:
  Eigentümerinnen oder Eigentümer des Grund und Bodens unter Mitwirkung der Eigentümerin oder des Eigentümers des Gebäudes

### Unter welchen Bedingungen und zu welchem Zeitpunkt muss ich die Feststellungserklärung abgeben?

Geben Sie bitte eine Erklärung zur Feststellung des Grundsteuerwerts ab, wenn Sie vom Finanzamt dazu aufgefordert werden. Eine solche Aufforderung kann auch durch eine öffentliche Bekanntmachung des Bundesministeriums der Finanzen erfolgen.

9

Sie müssen ohne Aufforderung eine Erklärung bis zum 31. Januar des Folgejahres abgeben, wenn sich

- der Grundsteuerwert ändert (Wertfortschreibung),
- die Vermögensart ändert (Nachfeststellung),
- die Grundstücksart ändert (Artfortschreibung) oder
- Tatsachen ergeben, die zu einer erstmaligen Feststellung (Nachfeststellung) führen können, z. B. der Wegfall einer Steuerbefreiung oder die Teilung eines Grundstücks.

**Wenn Sie die Erklärung nicht innerhalb der vorgegebenen Frist abgeben können, beantragen Sie bitte rechtzeitig eine Fristverlängerung und begründen Sie diese.**

## Wann ist der Feststellungszeitpunkt?

Maßgebend für die Angaben in der Erklärung sind die Tatsachen zum Feststellungszeitpunkt.

Der Feststellungszeitpunkt ist

- bei der **Hauptfeststellung** der 1. Januar 2022,
- bei der **Nachfeststellung** der 1. Januar des Folgejahres, in dem die wirtschaftliche Einheit entstanden ist. Besteht die wirtschaftliche Einheit bereits, ist der Zeitpunkt der Nachfeststellung der 1. Januar des Jahres, in dem der Grundsteuerwert erstmals der Besteuerung zugrunde gelegt wird.
- bei **Wert- und Artfortschreibungen** der 1. Januar des Jahres, das auf die Änderung folgt.

## Wo finde ich das Aktenzeichen bzw. die Steuernummer?

Sie finden das Aktenzeichen (oder in den Ländern Berlin, Bremen und Schleswig-Holstein die Steuernummer) auf Ihrem letzten Bescheid zur Feststellung des Einheitswerts oder der Festsetzung des Grundsteuermessbetrags. Auch auf dem Grundsteuerbescheid oder sonstigen Bescheiden der Gemeinde können Sie das Aktenzeichen (oder die Steuernummer) finden. Ggf. wurde Ihnen das aktuelle Aktenzeichen (oder die Steuernummer) auch mit einem Informationsschreiben mitgeteilt.

## Welches Finanzamt ist zuständig?

Geben Sie die Erklärung bei dem Finanzamt ab, in dessen Bezirk das Grundstück oder der Betrieb der Land- und Forstwirtschaft liegt. Nähere Informationen zu dem zuständigen Finanzamt finden Sie auch im Internet unter www.finanzamt.de.

## Wo finde ich weitere Informationen?

Weitere Informationen und Hilfen finden Sie im Internet unter www.grundsteuerreform.de. Bei Fragen rund um das Thema Grundsteuer unterstützt Sie auch der virtuelle Assistent der Steuerverwaltung, den Sie unter www.steuerchatbot.de erreichen.

## Grund der Feststellung

*Zu Zeile 4*

Wählen Sie einen dieser fünf Gründe für die Feststellung aus:

**Hauptfeststellung**:
Wählen Sie die Hauptfeststellung, wenn es sich um die regelmäßige Feststellung der Grundsteuerwerte handelt. Der erste Zeitpunkt der Hauptfeststellung ist der 1. Januar 2022.

**Nachfeststellung**:
Wählen Sie die Nachfeststellung aus, wenn

- eine wirtschaftliche Einheit neu entsteht (z. B. aufgrund der Teilung eines Grundstücks) oder
- eine bereits bestehende wirtschaftliche Einheit erstmals besteuert wird (z. B. weil eine Steuerbefreiung wegfällt).

**Artfortschreibung**:
Wählen Sie die Artfortschreibung aus, wenn die Grundstücksart von der zuletzt getroffenen Feststellung abweicht. Füllen Sie zusätzlich Zeile 3 der **Anlage Grundstück (GW-2)** aus. Weitere Angaben in der **Anlage Grundstück (GW-2)** sind nicht erforderlich. Bei einem Betrieb der Land- und Forstwirtschaft ist eine Artfortschreibung nicht möglich.

**Wertfortschreibung**:
Wählen Sie die Wertfortschreibung aus, wenn sich der Wert des Grundstücks/Betriebs der Land- und Forstwirtschaft seit dem letzten Zeitpunkt der Feststellung um mehr als 15.000 € geändert hat. Der Wert des Grundstücks oder des Betriebs der Land- und Forstwirtschaft ändert sich z. B. durch Baumaßnahmen oder durch eine Änderung der Flächengröße.

**Art- und Wertfortschreibung**:
Wählen Sie die Art- und Wertfortschreibung aus, wenn die Grundstücksart von der zuletzt getroffenen Feststellung abweicht **und** sich gleichzeitig der Wert des Grundstücks seit dem letzten Zeitpunkt der Feststellung um mehr als 15.000 € geändert hat.

## Angaben zur Grundstücksart

*Zu Zeile 4*

Ein **unbebautes Grundstück** ist ein Grundstück, das nicht zu einem Betrieb der Land- und Forstwirtschaft gehört und auf dem sich keine benutzbaren Gebäude befinden. Hinweis: Ein Gebäude ist dann als benutzbar einzustufen, wenn es bezugsfertig ist; eine Bauabnahme ist nicht notwendig. Grundstücke mit zerstörten oder dem Verfall überlassenen Gebäuden gelten als unbebaut.

Ein **bebautes Grundstück** ist ein Grundstück, auf dem sich benutzbare Gebäude befinden. Das Grundstück darf nicht zu einem Betrieb der Land- und Forstwirtschaft gehören. Wird ein Gebäude in Bauabschnitten errichtet, ist der bezugsfertige Teil als benutzbares Gebäude anzusehen.

Fügen Sie der Erklärung zur Feststellung des Grundsteuerwerts für ein **unbebautes** oder **bebautes** Grundstück folgende Anlage bei:

**Anlage Grundstück (GW-2)**

9

2

Ein Grundsteuerwert wird auch für den **Betrieb der Land- und Forstwirtschaft** festgestellt. Ein Betrieb der Land- und Forstwirtschaft besteht aus dem gesamten land- und forstwirtschaftlichen Vermögen.

Dazu gehören insbesondere:
- Grund und Boden
- Wirtschaftsgebäude
- stehende Betriebsmittel
- der normale Bestand an umlaufenden Betriebsmitteln

Nicht dazu gehören:
- Wohngebäude
- Grund und Boden, der nicht land- und forstwirtschaftlich genutzt wird
- Gebäude und Gebäudeteile, die nicht land- und forstwirtschaftlich genutzt werden

Als Betrieb der Land- und Forstwirtschaft gelten auch einzelne land- und forstwirtschaftlich nutzbare Flächen, die ungenutzt, selbstgenutzt oder verpachtet sind. Land- und forstwirtschaftlich genutzte Flächen (mit Ausnahme der Hofstelle) gehören nicht zu einem Betrieb der Land- und Forstwirtschaft, wenn
- sie in einem Bebauungsplan als Bauland festgesetzt sind, die sofortige Bebauung möglich ist und die Bebauung innerhalb des Plangebiets in benachbarten Bereichen begonnen hat oder schon durchgeführt ist

oder
- zu erwarten ist, dass sie innerhalb von sieben Jahren zu anderen Zwecken (z. B. als Bau-, Gewerbe- oder Industrieland) genutzt werden.

Fügen Sie der Erklärung zur Feststellung des Grundsteuerwerts für einen Betrieb der Land- und Forstwirtschaft bitte die **Anlage Land- und Forstwirtschaft (GW-3)** und bei landwirtschaftlicher Tierhaltung die **Anlage Tierbestand (GW-3A)** bei.

## Lage des Grundstücks/Betriebs der Land- und Forstwirtschaft

*Zu den Zeilen 5 bis 8*

Geben Sie bitte eine gesonderte Erklärung ab für
- jedes Grundstück, das eine selbstständige wirtschaftliche Einheit im Sinne des Bewertungsgesetzes bildet:
  - **Vordruck Feststellungserklärung (GW-1)** und
  - **Anlage Grundstück (GW-2)**
- jeden Betrieb der Land- und Forstwirtschaft:
  - **Vordruck Feststellungserklärung (GW-1)** und
  - **Anlage Land- und Forstwirtschaft (GW-3)** und ggf.
  - **Anlage Tierbestand (GW-3A)**

In die Zeilen 5 bis 7 tragen Sie bitte alle Adressdaten zur Lage des Grundstücks/Betriebs der Land- und Forstwirtschaft in die entsprechenden Felder ein. In das Feld „Zusatzangaben" in Zeile 6 können Sie zum Beispiel eine Wohnungsnummer oder Teileigentumsnummer eintragen. In Zeile 8 tragen Sie bitte eine „1" ein, wenn die wirtschaftliche Einheit in mehreren hebeberechtigten Gemeinden liegt.

**Ausführliche Angaben zu den Flurstücken eines land- und forstwirtschaftlichen Betriebs/einzelnen land- und forstwirtschaftlich nutzbaren Flächen sind zwingend in der Anlage Land- und Forstwirtschaft (GW-3) vorzunehmen.**

Hinweis: Für einzelne land- und forstwirtschaftlich nutzbare Flächen liegen grundsätzlich keine Adressdaten vor. In diesen Fällen tragen Sie bitte nur in das Feld „Ort" die Gemeinde ein, in der sich das Flurstück befindet. Erstrecken sich die einzelnen land- und forstwirtschaftlich nutzbaren Flächen über mehrere Gemeinden, so tragen Sie bitte hier die Gemeinde ein, in der der flächenmäßig größte Teil liegt.

9

## Gemarkungen(en) und Flurstück(e) des Grundvermögens

*Zu den Zeilen 9 bis 21*

Für Flurstücke im Grundvermögen tragen Sie bitte
- in Zeile 9 den Namen der Gemarkung,
- in Zeile 10 die Nummer des Grundbuchblatts, die Flur- und die Flurstücksnummer oder sonst übliche Katasterbezeichnungen sowie die Gesamtfläche des Flurstücks ein.

Diese Angaben finden Sie in Ihrem Grundbuchauszug. In Erbbaurechtsfällen tragen Sie bitte die Nummer des Grundbuchblatts der oder des Erbbauberechtigten ein.

Hinweis: Nicht in jeder Gemarkung sind Fluren vorhanden und nicht jedes Flurstückskennzeichen hat auch einen Flurstücksnenner. Bitte lassen Sie in dem Fall das entsprechende Feld frei und nehmen Sie keine Eintragung vor.

Geben Sie in Zeile 11, 14, 17 und 20 jeweils zusätzlich an, zu welchem Anteil das Flurstück der wirtschaftlichen Einheit zuzuordnen ist.

3

**Beispiel 1:** Sie sind Eigentümerin oder Eigentümer einer Wohnung in einer Wohnungseigentümergemeinschaft. Die Gesamtfläche des Grundstücks ist 1.500 m². Zu Ihrem Wohnungseigentum gehört ein Miteigentumsanteil in Höhe von 333/10.000 an dem gemeinschaftlichen Eigentum (hier: Grund und Boden). Tragen Sie als Fläche des Grundstücks 1.500 m² ein. Als Anteil ist „333/10.000“ einzutragen.

| | Grundbuchblatt | Flur | Flurstück: Zähler | Flurstück: Nenner | Fläche in m² |
|---|---|---|---|---|---|
| 10 | 12 1234 | 13 56 | 14 234 | 15 1 | 16 1500 |
| | Zur wirtschaftlichen Einheit gehörender Anteil: Zähler | | Zur wirtschaftlichen Einheit gehörender Anteil: Nenner | enthalten in | 1=erste Fläche (Anlage Grundstück, Zeile 4)<br>2=zweite Fläche (Anlage Grundstück, Zeile 5)<br>3=beiden Flächen |
| 11 | 17 333,0000 | | 18 10000 | 1 | |

**Beispiel 2:** Ehegatten oder Lebenspartner sind je zur Hälfte Eigentümer eines Flurstücks 1 (Gesamtfläche: 500 m²), zu dem 1/10 Miteigentumsanteil an einer Garagenhoffläche auf Flurstück 2 (Gesamtfläche: 100 m², wovon 10 m² zu der wirtschaftlichen Einheit (z. B. „Einfamilienhaus“) zählen) gehört. Als Fläche zu Flurstück 1 sind „500 m²“ und zu Flurstück 2 „100 m²“ einzutragen. Als Anteil zu Flurstück 1 ist „1/1“ und zu Flurstück 2 „1/10“ einzutragen. Die Eigentumsverhältnisse werden in Zeile 32 abgefragt. Die Anteile der Ehegatten oder Lebenspartner am Grundstück werden in Zeilen 51 und 69 angegeben (hier jeweils „1/2“).

| | Grundbuchblatt | Flur | Flurstück: Zähler | Flurstück: Nenner | Fläche in m² |
|---|---|---|---|---|---|
| 10 | 12 1234 | 13 56 | 14 234 | 15 1 | 16 500 |
| | Zur wirtschaftlichen Einheit gehörender Anteil: Zähler | | Zur wirtschaftlichen Einheit gehörender Anteil: Nenner | enthalten in | 1=erste Fläche (Anlage Grundstück, Zeile 4)<br>2=zweite Fläche (Anlage Grundstück, Zeile 5)<br>3=beiden Flächen |
| 11 | 17 1,0000 | | 18 1 | 1 | |

| | Grundbuchblatt | Flur | Flurstück: Zähler | Flurstück: Nenner | Fläche in m² |
|---|---|---|---|---|---|
| 13 | 12 1234 | 13 56 | 14 234 | 15 2 | 16 100 |
| | Zur wirtschaftlichen Einheit gehörender Anteil: Zähler | | Zur wirtschaftlichen Einheit gehörender Anteil: Nenner | enthalten in | 1=erste Fläche (Anlage Grundstück, Zeile 4)<br>2=zweite Fläche (Anlage Grundstück, Zeile 5)<br>3=beiden Flächen |
| 14 | 17 1,0000 | | 18 10 | 1 | |

**Beispiel 3:** Sie sind Eigentümerin oder Eigentümer eines land- und forstwirtschaftlichen Betriebs auf einem insgesamt 1.000 m² großen Flurstück. Hiervon entfallen 100 m² auf den als Grundvermögen zu bewertenden Wohnteil Ihres Betriebs. 900 m² werden land- und forstwirtschaftlich genutzt. Tragen Sie als Fläche des Grundstücks 1.000 m² ein. Als Anteil ist 1/10 einzutragen. Die land- und forstwirtschaftlich genutzte Fläche ist in der Erklärung zur Feststellung des Grundsteuerwerts für Ihren Betrieb (dort in der Anlage Land- und Forstwirtschaft, Vordruck GW-3) zu erfassen.

| | Grundbuchblatt | Flur | Flurstück: Zähler | Flurstück: Nenner | Fläche in m² |
|---|---|---|---|---|---|
| 10 | 12 1234 | 13 56 | 14 235 | 15 | 16 1000 |
| | Zur wirtschaftlichen Einheit gehörender Anteil: Zähler | | Zur wirtschaftlichen Einheit gehörender Anteil: Nenner | enthalten in | 1=erste Fläche (Anlage Grundstück, Zeile 4)<br>2=zweite Fläche (Anlage Grundstück, Zeile 5)<br>3=beiden Flächen |
| 11 | 17 1,0000 | | 18 10 | | |

In Zeile 21 ist eine „1“ einzutragen, wenn der Platz für die Angabe aller Flurstücke des Grundvermögens nicht ausreicht. Die weiteren Flurstücke des Grundvermögens sind formlos auf einem gesonderten Blatt anzugeben.

## Bekanntgabe an bevollmächtigte Personen

***Zu den Zeilen 22 bis 29***

In diesen Zeilen werden Sie gebeten, Angaben zu einer von Ihnen bevollmächtigten Person zu machen. Den einzutragenden Anredeschlüssel können Sie der nachfolgenden Liste entnehmen:

| | |
|---|---|
| 01 | ohne Anrede |
| 02 | Herrn |
| 03 | Frau |
| 07 | Firma |
| 12 | Sozietät |
| 16 | Partnergesellschaft |
| 18 | Insolvenzverwalter |
| 19 | Zwangsverwalter |

Sofern Sie Alleineigentümerin oder Alleineigentümer des Grundstücks oder des Betriebs der Land- und Forstwirtschaft sind und sich in dieser Angelegenheit durch eine bevollmächtigte Person im Sinne des § 80 der Abgabenordnung (z. B. eine Steuerberaterin oder ein Steuerberater) vertreten lassen, tragen Sie in den Zeilen 22 bis 28 bitte die Angaben zu dieser bevollmächtigten Person ein. Dies gilt auch dann, wenn die Vollmacht von Ihnen oder der von Ihnen bevollmächtigten Person

4

9

bereits auf anderem Wege (z. B. elektronisch nach § 80a der Abgabenordnung) angezeigt wurde. Die Vollmacht ist auf Verlangen des zuständigen Finanzamts nachzuweisen.

Wenn sich das Grundstück oder der Betrieb der Land- und Forstwirtschaft im Eigentum mehrerer Personen befindet, benennen Sie bitte eine gemeinsam bevollmächtigte Person, tragen Sie in dem Feld in Zeile 29 eine „1" und die Angaben zu dieser Person in den Zeilen 22 bis 28 ein. Die zur oder zum Empfangsbevollmächtigten benannte Person nimmt den Feststellungsbescheid und alle anderen mit dem Feststellungsverfahren im Zusammenhang stehenden Schreiben mit Wirkung für und gegen alle anderen Beteiligten in Empfang.

## Grundsteuerbefreiung/-vergünstigung

*Zu Zeile 31*
Tragen Sie bitte eine „1" ein, wenn Sie eine Befreiung oder eine Vergünstigung von der Grundsteuer beantragen. Fügen Sie hierfür die **Anlage Grundsteuerbefreiung/-vergünstigung (GW-4)** bei.

## Eigentumsverhältnisse

*Zu Zeile 32*
Geben Sie bitte an, wem das Grundstück oder der Betrieb der Land- und Forstwirtschaft gehört. Bei einem Erbbaurecht geben Sie bitte die Rechtsform des Erbbauberechtigten, bei einem Grundstück mit einem Gebäude auf fremdem Grund und Boden die Rechtsform der Eigentümerin oder des Eigentümers des Grund und Bodens an.

**Alleineigentum (Ziffern 0 bis 3):**
Das Grundstück oder der Betrieb der Land- und Forstwirtschaft gehört **einer** natürlichen Person oder **einer** juristischen Person.

Wählen Sie bitte die zutreffende Rechtsform der Alleineigentümerin bzw. des Alleineigentümers aus:

- Eine **natürliche Person** (Ziffer 0) ist jeder Mensch als Träger von Rechten und Pflichten.
- **Juristische Personen des öffentlichen Rechts** (Ziffer 1) sind Körperschaften, Anstalten und Stiftungen des öffentlichen Rechts, also zum Beispiel
  - Gebietskörperschaften (Bund, Länder, Landkreise und Gemeinden),
  - Verbandskörperschaften (Gemeindeverbände) oder
  - Personal- und Realkörperschaften (Industrie- und Handelskammern, Handwerkskammern und Universitäten).
- Ist die Alleineigentümerin eine **juristische Person** des Privatrechts, zum Beispiel
  - eine Genossenschaft,
  - eine Aktiengesellschaft (AG),
  - eine Gesellschaft mit beschränkter Haftung (GmbH),
  - ein eingetragener Verein oder
  - eine Stiftung,

  wählen Sie den zutreffenden Eintrag zu **Alleineigentum einer juristischen Person** aus:
  - unternehmerisch tätig: Ziffer 2 oder
  - nicht unternehmerisch tätig: Ziffer 3.

  Eine juristische Person des Privatrechts ist grundsätzlich **unternehmerisch tätig**. Eine unternehmerische Tätigkeit liegt in Bezug auf den Grundbesitz nur dann nicht vor, wenn die juristische Person ausschließlich vermögensverwaltend wirkt, die im Eigentum der juristischen Person stehenden Grundstücke also vermietet oder verpachtet werden, ohne dass daraus eine nachhaltige gewerbliche Tätigkeit mit Gewinnerzielungsabsicht erwächst. In diesem Fall wählen Sie bitte **Alleineigentum einer nicht unternehmerisch tätigen juristischen Person** (Ziffer 3) aus.

**Ehegatten und eingetragene Lebenspartnerschaften (Ziffer 4):**
Das Grundstück oder der Betrieb der Land- und Forstwirtschaft gehört den Ehegatten oder der eingetragenen Lebenspartnerschaft.

**Erbengemeinschaft (Ziffer 5):**
Das Grundstück oder der Betrieb der Land- und Forstwirtschaft gehört einer Erbengemeinschaft.

**Bruchteilsgemeinschaft (Ziffer 6):**
Das Grundstück oder der Betrieb der Land- und Forstwirtschaft gehört mehreren Personen. Sie haben Miteigentum nach Bruchteilen (eingetragen im Grundbuch). Über den eigenen Anteil kann jede Miteigentümerin bzw. jeder Miteigentümer frei verfügen, das heißt, der Anteil kann verkauft, belastet oder vererbt werden.

**Grundstücksgemeinschaft (Ziffern 7 bis 9):**
Das Grundstück oder der Betrieb der Land- und Forstwirtschaft gehört einer Personengesellschaft (z. B. einer Offenen Handelsgesellschaft (OHG), einer Kommanditgesellschaft (KG), einer Gesellschaft bürgerlichen Rechts (GbR) etc.). Die Personengesellschaft ist selbst Eigentümerin, nicht die an ihr beteiligten Personen.
Wählen Sie bitte die zutreffende Eintragungsmöglichkeit aus, wenn an der Grundstücksgemeinschaft ausschließlich natürliche Personen oder ausschließlich juristische Personen beteiligt sind. Ist beides nicht der Fall oder sind sowohl natürliche als auch juristische Personen an der Gesellschaft beteiligt, wählen Sie hier „andere Grundstücksgemeinschaft" aus.

5

## Angaben zu Gemeinschaften

*Zu den Zeilen 33 bis 40*

Wenn das Grundstück einer Gemeinschaft ohne geschäftsüblichen Namen (z. B. Erbengemeinschaft, Gesellschaft bürgerlichen Rechts, Bruchteilsgemeinschaft) gehört, tragen Sie hier bitte den Anredeschlüssel und eine Bezeichnung der Gemeinschaft ein, z. B. „Erbengemeinschaft nach Max Muster" oder „Grundstücksgemeinschaft Muster/Musterstraße".

| | | |
|---|---|---|
| 33 | Anredeschlüssel (siehe Ausfüllanleitung) | 10 08 |
| | Name der Gemeinschaft Zeile 1 | |
| 34 | 91 NACH MAX MUSTER | |

Den einzutragenden Anredeschlüssel können Sie der untenstehenden Liste entnehmen:

| | |
|---|---|
| 01 | ohne Anrede |
| 08 | Erbengemeinschaft |
| 09 | Arbeitsgemeinschaft |
| 10 | Grundstücksgemeinschaft |
| 11 | Gesellschaft bürgerlichen Rechts |
| 15 | Wohnungseigentümergemeinschaft |

Sollte das Grundstück im Miteigentum von mehr als drei Personen stehen oder besteht eine Erbengemeinschaft oder Grundstücksgemeinschaft aus mehr als drei Personen, tragen Sie bitte in Zeile 40 eine „1" ein und geben Sie alle weiteren Miteigentümer(innen) bzw. Beteiligten auf der **Anlage Feststellungsbeteiligte (GW-1A)** an.

## Eigentümerangaben

*Zu den Zeilen 41 bis 94*

Tragen Sie bitte zu jeder Eigentümerin bzw. zu jedem Eigentümer die erforderlichen Daten ein. Den einzutragenden Anredeschlüssel können Sie der untenstehenden Liste entnehmen:

| | |
|---|---|
| 01 | ohne Anrede |
| 02 | Herrn |
| 03 | Frau |
| 07 | Firma |
| 08 | Erbengemeinschaft |
| 09 | Arbeitsgemeinschaft |
| 10 | Grundstücksgemeinschaft |
| 11 | Gesellschaft bürgerlichen Rechts |
| 12 | Sozietät |
| 13 | Praxisgemeinschaft |
| 14 | Betriebsgemeinschaft |
| 15 | Wohnungseigentümergemeinschaft |
| 16 | Partnergesellschaft |
| 17 | Partenreederei |

Gehört das Grundstück Ehegatten oder einer eingetragenen Lebenspartnerschaft, füllen Sie bitte die Zeilen 41 bis 76 für jede Person aus. Bei Ehegatten oder Lebenspartnern (Eigentumsverhältnis 4 in Zeile 32) mit gemeinsamer Anschrift ist keine Eintragung in den Zeilen 62 bis 65 vorzunehmen.

Gehört das Grundstück mehreren Personen nach Bruchteilen, füllen Sie bitte zusätzlich zu den Zeilen 33 bis 40 die Zeilen 41 bis 51, 59 bis 69 bzw. 77 bis 87 für jede Beteiligte bzw. jeden Beteiligten aus. Machen Sie insbesondere Angaben zu den jeweiligen Anteilen am Grundstück.

Gehört das Grundstück einer Gesamthandsgemeinschaft ohne geschäftsüblichen Namen, z. B. einer Erbengemeinschaft oder einer Gesellschaft bürgerlichen Rechts), füllen Sie bitte die Zeilen 41 bis 50, 59 bis 68 bzw. 77 bis 86 für jede Beteiligte bzw. jeden Beteiligten an der Gemeinschaft aus. Die Angabe der Anteile der Einzelpersonen ist nicht erforderlich.

Wenn das Grundstück einer Gesamthandsgemeinschaft mit geschäftsüblichem Namen und Sitz (z. B. einer OHG, KG, GmbH & Co. KG oder einer Gesellschaft bürgerlichen Rechts) gehört, tragen Sie diese in Zeilen 41 bis 50 ein. In Zeilen 33 bis 40 sind keine Angaben zu machen. Die an der Gesellschaft beteiligten Einzelpersonen sind nicht gesondert aufzuführen.

**Beispiel:**
Die ABC-OHG ist Eigentümerin eines Grundstücks, Beteiligte sind die natürlichen Personen A, B und C. In Zeile 32 ist als Eigentumsverhältnis die Ziffer „7" (Grundstücksgemeinschaft ausschl. von natürlichen Personen) einzutragen. Zeilen 33 bis 40 werden nicht ausgefüllt. In Zeilen 41 bis 50 ist der Name und die Anschrift der OHG einzutragen. Die an der OHG beteiligten Personen A, B und C werden nicht gesondert aufgeführt.

6

*Zu den Zeilen 50, 68 und 86*
Die Steuernummer und die Identifikationsnummer können Sie z. B. dem letzten Einkommensteuerbescheid entnehmen. Sollte Ihnen Ihre Identifikationsnummer nicht bekannt sein, können Sie diese beim Bundeszentralamt für Steuern (www.bzst.de) erfragen.

*Zu den Zeilen 52 bis 58, 70 bis 76 und 88 bis 94*
Tragen Sie bitte für geschäftsunfähige oder beschränkt geschäftsfähige Personen den Namen und die Anschrift der gesetzlichen Vertretung ein. Den einzutragenden Anredeschlüssel können Sie der untenstehenden Liste entnehmen:

| | |
|---|---|
| 01 | ohne Anrede |
| 02 | Herrn |
| 03 | Frau |
| 04 | Herrn und Frau |
| 05 | Herrn und Herrn |
| 06 | Frau und Frau |
| 07 | Firma |

## Unterschrift

*Zu den Zeilen 95 bis 97*
Unterschreiben Sie bitte die Erklärung eigenhändig. Für geschäftsunfähige oder beschränkt geschäftsfähige sowie bei nicht natürlichen Personen hat der gesetzliche Vertreter oder die gesetzliche Vertreterin zu unterschreiben. Nicht unterschriebene Erklärungen gelten als nicht abgegeben.

7

# Vordruck GW-2

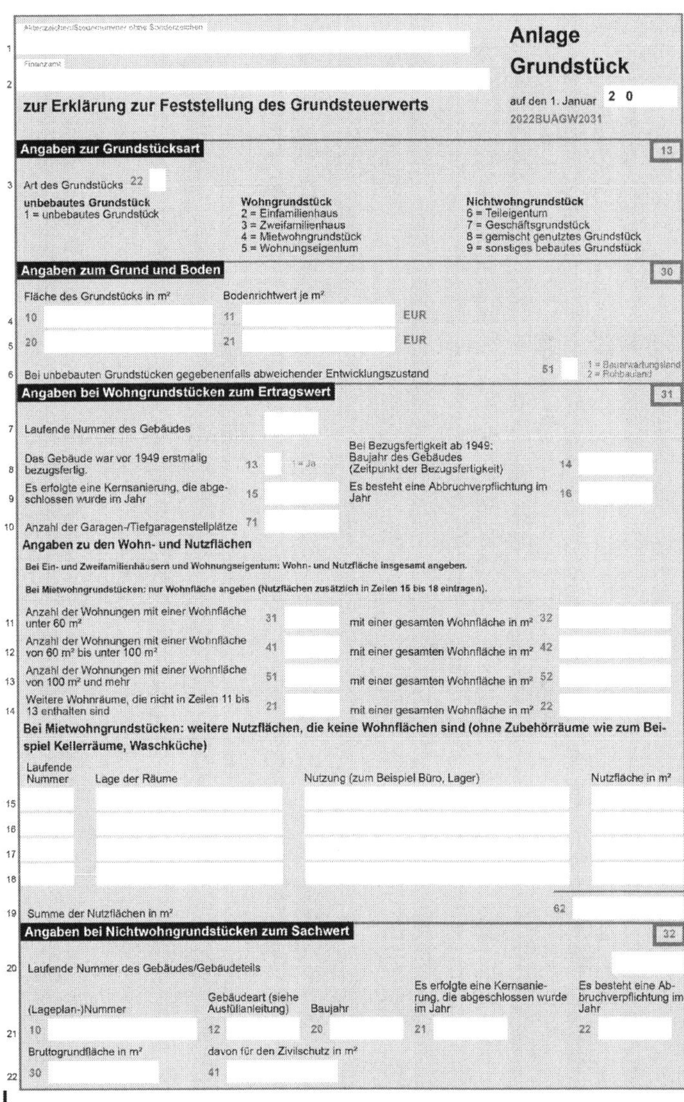

1 Aktenzeichen/Steuernummer ohne Sonderzeichen

2 Finanzamt

**Anlage Grundstück**

**zur Erklärung zur Feststellung des Grundsteuerwerts**

auf den 1. Januar 2 0

2022BUAGW2031

**Angaben zur Grundstücksart** 13

3 Art des Grundstücks 22

| unbebautes Grundstück | Wohngrundstück | Nichtwohngrundstück |
|---|---|---|
| 1 = unbebautes Grundstück | 2 = Einfamilienhaus | 6 = Teileigentum |
| | 3 = Zweifamilienhaus | 7 = Geschäftsgrundstück |
| | 4 = Mietwohngrundstück | 8 = gemischt genutztes Grundstück |
| | 5 = Wohnungseigentum | 9 = sonstiges bebautes Grundstück |

**Angaben zum Grund und Boden** 30

| | Fläche des Grundstücks in m² | Bodenrichtwert je m² |
|---|---|---|
| 4 | 10 | 11 EUR |
| 5 | 20 | 21 EUR |

6 Bei unbebauten Grundstücken gegebenenfalls abweichender Entwicklungszustand 51 1 = Bauerwartungsland 2 = Rohbauland

**Angaben bei Wohngrundstücken zum Ertragswert** 31

7 Laufende Nummer des Gebäudes

8 Das Gebäude war vor 1949 erstmalig bezugsfertig. 13 1 = Ja — Bei Bezugsfertigkeit ab 1949: Baujahr des Gebäudes (Zeitpunkt der Bezugsfertigkeit) 14

9 Es erfolgte eine Kernsanierung, die abgeschlossen wurde im Jahr 15 — Es besteht eine Abbruchverpflichtung im Jahr 16

10 Anzahl der Garagen-/Tiefgaragenstellplätze 71

**Angaben zu den Wohn- und Nutzflächen**

**Bei Ein- und Zweifamilienhäusern und Wohnungseigentum: Wohn- und Nutzfläche insgesamt angeben.**

**Bei Mietwohngrundstücken: nur Wohnfläche angeben (Nutzflächen zusätzlich in Zeilen 15 bis 18 eintragen).**

11 Anzahl der Wohnungen mit einer Wohnfläche unter 60 m² 31 — mit einer gesamten Wohnfläche in m² 32

12 Anzahl der Wohnungen mit einer Wohnfläche von 60 m² bis unter 100 m² 41 — mit einer gesamten Wohnfläche in m² 42

13 Anzahl der Wohnungen mit einer Wohnfläche von 100 m² und mehr 51 — mit einer gesamten Wohnfläche in m² 52

14 Weitere Wohnräume, die nicht in Zeilen 11 bis 13 enthalten sind 21 — mit einer gesamten Wohnfläche in m² 22

**Bei Mietwohngrundstücken: weitere Nutzflächen, die keine Wohnflächen sind (ohne Zubehörräume wie zum Beispiel Kellerräume, Waschküche)**

| | Laufende Nummer | Lage der Räume | Nutzung (zum Beispiel Büro, Lager) | Nutzfläche in m² |
|---|---|---|---|---|
| 15 | | | | |
| 16 | | | | |
| 17 | | | | |
| 18 | | | | |

19 Summe der Nutzflächen in m² 62

**Angaben bei Nichtwohngrundstücken zum Sachwert** 32

20 Laufende Nummer des Gebäudes/Gebäudeteils

| | (Lageplan-)Nummer | Gebäudeart (siehe Ausfüllanleitung) | Baujahr | Es erfolgte eine Kernsanierung, die abgeschlossen wurde im Jahr | Es besteht eine Abbruchverpflichtung im Jahr |
|---|---|---|---|---|---|
| 21 | 10 | 12 | 20 | 21 | 22 |

| | Bruttogrundfläche in m² | davon für den Zivilschutz in m² |
|---|---|---|
| 22 | 30 | 41 |

9

23 Laufende Nummer des Gebäudes/Gebäudeteils

| (Lageplan-)Nummer | Gebäudeart (siehe Ausfüllanleitung) | Baujahr | Es erfolgte eine Kernsanierung, die abgeschlossen wurde im Jahr | Es besteht eine Abbruchverpflichtung im Jahr |
|---|---|---|---|---|
| 24 10 | 12 | 20 | 21 | 22 |

| Bruttogrundfläche in m² | davon für den Zivilschutz in m² |
|---|---|
| 25 30 | 41 |

26 Laufende Nummer des Gebäudes/Gebäudeteils

| (Lageplan-)Nummer | Gebäudeart (siehe Ausfüllanleitung) | Baujahr | Es erfolgte eine Kernsanierung, die abgeschlossen wurde im Jahr | Es besteht eine Abbruchverpflichtung im Jahr |
|---|---|---|---|---|
| 27 10 | 12 | 20 | 21 | 22 |

| Bruttogrundfläche in m² | davon für den Zivilschutz in m² |
|---|---|
| 28 30 | 41 |

29 Laufende Nummer des Gebäudes/Gebäudeteils

| (Lageplan-)Nummer | Gebäudeart (siehe Ausfüllanleitung) | Baujahr | Es erfolgte eine Kernsanierung, die abgeschlossen wurde im Jahr | Es besteht eine Abbruchverpflichtung im Jahr |
|---|---|---|---|---|
| 30 10 | 12 | 20 | 21 | 22 |

| Bruttogrundfläche in m² | davon für den Zivilschutz in m² |
|---|---|
| 31 30 | 41 |

32 Laufende Nummer des Gebäudes/Gebäudeteils

| (Lageplan-)Nummer | Gebäudeart (siehe Ausfüllanleitung) | Baujahr | Es erfolgte eine Kernsanierung, die abgeschlossen wurde im Jahr | Es besteht eine Abbruchverpflichtung im Jahr |
|---|---|---|---|---|
| 33 10 | 12 | 20 | 21 | 22 |

| Bruttogrundfläche in m² | davon für den Zivilschutz in m² |
|---|---|
| 34 30 | 41 |

**Weitere Gebäude/Gebäudeteile**

35 Weitere Gebäude/Gebäudeteile siehe Einlageblatt zur Anlage Grundstück. 1 = Ja

**Zusätzliche Angabe bei Wohnungs-/Teileigentum** 13

36 Bei neu begründetem Wohnungs- oder Teileigentum: Antrag auf Neueintragung wurde beim Grundbuchamt eingereicht am 25

**Erbbaurecht/Gebäude auf fremdem Grund und Boden**

37 Es wurde ein Erbbaurecht bestellt. 23 1 = Ja

38 Es sind Gebäude auf fremdem Grund und Boden errichtet worden. 24 1 = Ja

**In Fällen der Zeilen 37 und 38: Name und Anschrift des/der Erbbauverpflichteten oder des (wirtschaftlichen) Eigentümers/der (wirtschaftlichen) Eigentümerin des Gebäudes auf fremdem Grund und Boden**

Vorname

39

Name/Firma

40

Straße

41

| Hausnummer | Hausnummerzusatz | Adressergänzung |
|---|---|---|
| 42 | | |

| Postleitzahl | Postfach | Ort |
|---|---|---|
| 43 | | |

| Postleitzahl (bei Auslandsanschrift) | Land (bei Auslandsanschrift) |
|---|---|
| 44 | |

9

# Anleitung zur Anlage Grundstück

## zur Erklärung zur Feststellung des Grundsteuerwerts (Vordruck GW-2)

Diese Anleitung informiert Sie über Ihre steuerlichen Pflichten und hilft Ihnen, den Vordruck richtig auszufüllen.

Bitte fügen Sie der **Erklärung zur Feststellung des Grundsteuerwerts (GW-1)** die **Anlage Grundstück (GW-2)** bei, wenn das Finanzamt den Grundsteuerwert für ein unbebautes oder bebautes Grundstück feststellen bzw. eine Fortschreibung durchführen soll. Zur Feststellung des Grundsteuerwerts für einen Betrieb der Land- und Forstwirtschaft fügen Sie bitte die **Anlage Land- und Forstwirtschaft (GW-3)** und ggf. die **Anlage Tierbestand (GW-3A)** bei.

### Wie fülle ich die Erklärung aus?

Füllen Sie bitte alle Felder aus, die für das Grundstück in Frage kommen. Füllen Sie den Vordruck bitte deutlich und vollständig aus. Verwenden Sie bitte aussagekräftige Abkürzungen, soweit erforderlich.

### Angaben zur Grundstücksart

*Zu Zeile 3*

Bei der Festlegung der Grundstücksart ist stets die gesamte wirtschaftliche Einheit einschließlich steuerbefreiter und steuervergünstigter Flächen zu betrachten. Wählen Sie eine der folgenden Grundstücksarten aus:

#### Unbebautes Grundstück

Wählen Sie „unbebautes Grundstück“ aus, wenn sich auf Ihrem Grundstück keine benutzbaren Gebäude befinden. Ein Gebäude ist benutzbar, wenn es bezugsfertig ist und somit den künftigen Bewohnerinnen bzw. Bewohnern oder sonstigen Benutzerinnen bzw. Benutzern die bestimmungsgemäße Nutzung nach objektiven Gesichtspunkten zugemutet werden kann. Eine Bauabnahme ist nicht notwendig.

Grundstücke mit zerstörten oder dem Verfall preisgegebenen Gebäuden gelten als unbebaut. Ein Gebäude ist dem Verfall preisgegeben, wenn das Gebäude nicht mehr dauerhaft benutzt werden kann.

#### Wohngrundstücke

Wohngrundstücke sind bebaute Grundstücke, die mindestens eine Wohnung enthalten. Eine Wohnung besteht in der Regel aus mehreren Räumen, die eine abgeschlossene Wohneinheit bilden. Die Wohnung muss einen eigenen Zugang besitzen und von anderen Wohnungen baulich getrennt sein. Die Wohnung muss alle Nebenräume enthalten, welche die Führung eines selbständigen Haushalts ermöglichen (Küche, Bad oder Dusche, Toilette).

Geben Sie bitte an, um welche Art Wohngrundstück es sich handelt.

**Einfamilienhaus:**
Einfamilienhäuser sind Wohngrundstücke, die
- eine Wohnung enthalten

und
- kein **Wohnungseigentum** sind.

Ein Grundstück ist auch dann ein Einfamilienhaus, wenn
- die Wohnfläche mindestens 50 % der gesamten Fläche beträgt

und
- neben der Wohnung weitere Räume nicht zu Wohnzwecken genutzt werden, welche die Eigenart als Einfamilienhaus nicht wesentlich beeinträchtigen.

**Zweifamilienhaus:**
Zweifamilienhäuser sind Wohngrundstücke, die
- zwei Wohnungen enthalten

und
- kein **Wohnungseigentum** sind.

Ein Grundstück ist auch dann ein Zweifamilienhaus, wenn
- die Wohnfläche mindestens 50 % der gesamten Fläche beträgt

und
- neben den Wohnungen weitere Räume nicht zu Wohnzwecken genutzt werden, welche die Eigenart als Zweifamilienhaus nicht wesentlich beeinträchtigen.

**Mietwohngrundstück:**
Mietwohngrundstücke sind Grundstücke, die
- zu mehr als 80 % der Wohn- und Nutzfläche Wohnzwecken dienen

und
- nicht **Ein-** und **Zweifamilienhäuser** oder **Wohnungseigentum** sind.

Das gilt auch, wenn sich die Wohnungen in unterschiedlichen Gebäuden befinden.

**Wohnungseigentum:**
Wohnungseigentum ist das Sondereigentum an einer Wohnung und der dazugehörende Miteigentumsanteil an dem gemeinschaftlichen Eigentum. Das Sondereigentum kann auch an Räumen in einem noch nicht errichteten Gebäude eingeräumt werden. In einem solchen Fall liegt ein unbebautes Grundstück vor.



9

Nichtwohngrundstücke
Ein Nichtwohngrundstück ist ein bebautes Grundstück, das zu überwiegenden Teilen nicht zu Wohnzwecken genutzt wird. Geben Sie bitte an, um welche Art Nichtwohngrundstück es sich handelt.

**Teileigentum:**
Teileigentum ist das Sondereigentum an Räumen eines Gebäudes, die nicht zu Wohnzwecken genutzt werden, und der dazugehörende Miteigentumsanteil an dem gemeinschaftlichen Eigentum.

**Geschäftsgrundstück:**
Geschäftsgrundstücke sind Grundstücke, die
- zu mehr als 80 % der Wohn- und Nutzfläche eigenen oder fremden betrieblichen oder öffentlichen Zwecken dienen

und
- nicht Teileigentum sind.

**Gemischt genutztes Grundstück:**
Gemischt genutzte Grundstücke sind Grundstücke, die
- teilweise zu Wohnzwecken und teilweise zu anderen Zwecken (z. B. eigenen oder fremden betrieblichen oder öffentlichen Zwecken) genutzt werden

und
- nicht Ein- und Zweifamilienhäuser, Mietwohngrundstücke, Wohnungseigentum, Teileigentum oder Geschäftsgrundstücke sind.

**Sonstiges bebautes Grundstück:**
Sonstige bebaute Grundstücke sind Grundstücke, die keine Wohn- und Geschäftsgrundstücke, gemischt genutzte Grundstücke oder Teileigentum sind und weder Wohnzwecken noch eigenen oder fremden betrieblichen oder öffentlichen Zwecken dienen, z. B. Clubhäuser, Vereinshäuser, Bootshäuser, studentische Verbindungshäuser, Turnhallen, Schützenhallen und Jagdhütten.

## Angaben zum Grund und Boden

*Zu den Zeilen 4 und 5*

Fläche des Grundstücks
Tragen Sie bitte die (ggf. anteilige) Fläche des Flurstücks bzw. der Flurstücke in Quadratmetern ein, soweit sie zu dem Grundstück (der wirtschaftlichen Einheit) gehört. Sofern die Flächen mehrerer Flurstücke der wirtschaftlichen Einheit innerhalb **einer Bodenrichtwertzone** liegen, sind diese in einer Summe in Zeile 4 einzutragen.

**Beispiel 1:** Sie sind Eigentümerin oder Eigentümer einer 130 m² großen Wohnung in einer Wohnungseigentümergemeinschaft. Die Gesamtfläche des Grundstücks ist 1.500 m². Zu Ihrem Wohnungseigentum gehört ein Tiefgaragenstellplatz und 333/10.000 Miteigentumsanteil an dem gemeinschaftlichen Eigentum (hier: Grund und Boden). Tragen Sie als Fläche des Grundstücks 50 m² ein. Die Fläche des Tiefgaragenstellplatzes wird nicht gesondert erfasst; es ist ausreichend, in Zeile 10 die Anzahl der zu ihrer Eigentumswohnung gehörenden Garagen-/Tiefgaragenstellplätze einzutragen (hier: 1). Tragen Sie in Zeile 13 bei „Wohnungen über 100 m²" die „1" und als gesamte Wohnfläche in m² „130" ein.

**Beispiel 2:** Sie sind Alleineigentümerin oder Alleineigentümer eines Flurstücks 1 (Gesamtfläche: 500 m²), zu dem 1/10 Miteigentumsanteil an einer Garagenhoffläche auf Flurstück 2 gehört (10 m² von der Gesamtfläche: 100 m²). Alleineigentum und Miteigentumsanteil am Grundstück bilden eine wirtschaftliche Einheit (z. B. „Einfamilienhaus") und zählen zusammen. Beide Flurstücke liegen in einer Bodenrichtwertzone. Tragen Sie als Fläche des Grundstücks (aufaddiert) 510 m² ein.

Tragen Sie eventuell vorhandene selbständig nutzbare Teilflächen gesondert ein. Eine selbständig nutzbare Teilfläche ist der Teil eines Grundstücks, der für die bauliche und sonstige Nutzung des Grundstücks nicht benötigt wird und selbständig genutzt oder verwertet werden kann (z. B. bei einem Wohnhaus mit Hausgarten die zusätzliche Streuobstwiese).

Bodenrichtwert
Der Wert unbebauter Grundstücke und der Bodenwert bebauter Grundstücke werden durch den Bodenrichtwert festgelegt. Dieser wird von Gutachterausschüssen nach § 196 des Baugesetzbuches ermittelt.

Sie können den Bodenrichtwert für die Bodenrichtwertzone, in der sich Ihr Grundstück befindet, im Internet über die Informationssysteme der Länder kostenfrei abrufen. Tragen Sie diesen Bodenrichtwert grundsätzlich ohne Anpassungen in Zeile 4 ein. Anzugeben ist der am Hauptfeststellungsstichtag auf den 1. Januar 2022 maßgebliche Bodenrichtwert. Dieser gilt auch bei Fortschreibungen und Nachfeststellungen auf einen Stichtag nach dem Hauptfeststellungsstichtag.
Sind für das Grundstück verschiedene Bodenrichtwerte anzuwenden, weil sich das Grundstück z. B. über mehrere Bodenrichtwertzonen erstreckt, tragen Sie in den Zeilen 4 und 5 die anteilige Fläche mit dem jeweiligen Bodenrichtwert ein.

Abweichender Entwicklungszustand
*Zu Zeile 6*
Handelt es sich bei dem unbebauten Grundstück um **Bauerwartungsland** oder **Rohbauland**, tragen Sie in dieser Zeile bitte die zutreffende Ziffer ein.

**Bauerwartungsland** sind Flächen, die planungsrechtlich noch nicht bebaut werden können, bei denen aber damit zu rechnen ist, dass dies in absehbarer Zeit so sein wird.

**Rohbauland** sind Flächen, die für eine Bebauung bestimmt sind, aber
- deren Erschließung noch nicht gesichert ist oder
- die nach Lage, Form oder Größe für eine Bebauung unzureichend sind.

Im Regelfall handelt es sich hierbei um größere, unerschlossene Grundstücksflächen, die kein land- und forstwirtschaftliches Vermögen mehr sind, selbst wenn sie noch so genutzt werden.

2

## Angaben bei Wohngrundstücken zum Ertragswert

*Zu den Zeilen 7 bis 19*

Füllen Sie bei Ein- und Zweifamilienhäusern, Mietwohngrundstücken sowie Wohnungseigentum für das Gebäude bitte immer den gesamten folgenden Abschnitt aus.

### Baujahr/Zeitpunkt der Bezugsfertigkeit

*Zu Zeile 8*

Tragen Sie hier bitte als Baujahr das Jahr ein, in dem das Gebäude erstmals bezugsfertig war. Ein Gebäude ist dann bezugsfertig, sobald es von den Bewohnerinnen bzw. Bewohnern oder Benutzerinnen bzw. Benutzern bestimmungsgemäß genutzt werden kann. Die Abnahme durch die Bauaufsichtsbehörde ist nicht entscheidend. Tragen Sie bitte immer das Jahr der erstmaligen Bezugsfertigkeit ein, auch wenn das Gebäude später durch Anbauten oder Aufstockungen erweitert wurde. War das Gebäude vor 1949 erstmalig bezugsfertig, reicht es aus, wenn Sie in dem entsprechenden Feld eine „1" eintragen.

### Kernsanierung

*Zu Zeile 9*

Tragen Sie bitte das Jahr ein, in dem eine Kernsanierung abgeschlossen wurde.

Durch eine Kernsanierung wird das Gebäude in einen Zustand versetzt, der nahezu dem eines neuen Gebäudes entspricht. Dazu wird bei dem Gebäude zunächst alles außer der tragenden Substanz entfernt. Decken, Außenwände, tragende Innenwände und ggf. der Dachstuhl bleiben dabei normalerweise erhalten. Diese können ggf. instand gesetzt werden.
Voraussetzungen für das Vorliegen einer Kernsanierung sind insbesondere die komplette Erneuerung

- der Dacheindeckung,
- der Fassade,
- der Innen- und Außenwände mit Ausnahme der tragenden Wände,
- der Fußböden,
- der Fenster,
- der Innen- und Außentüren sowie
- sämtlicher technischer Systeme wie z. B. der Heizung einschließlich aller Leitungen, des Abwassersystems einschließlich der Grundleitungen, der elektrischen Leitungen und der Wasserversorgungsleitungen, sofern diese technisch einwandfrei als neuwertig anzusehen sind.

Im Einzelfall müssen nicht zwingend alle der vorgenannten Kriterien gleichzeitig erfüllt sein. Dies gilt insbesondere für solche Gebäude und Gebäudeteile, bei denen aufgrund baurechtlicher Vorgaben eine weitreichende Veränderung nicht zulässig ist (z. B. unter Denkmalschutz stehende Gebäude und Gebäudeteile).

### Abbruchverpflichtung

*Zu Zeile 9*

Tragen Sie bei einer Abbruchverpflichtung bitte das Jahr ein, in dem das Gebäude abgerissen werden muss.

### Garagen-/Tiefgaragenstellplätze

*Zu Zeile 10*

Tragen Sie bitte die Gesamtzahl der auf dem Grundstück vorhandenen Garagen- und Tiefgaragenstellplätze ein. Stellplätze im Freien brauchen Sie nicht einzutragen.

Bei Wohnungs- und Teileigentum (z. B. Eigentumswohnung) tragen Sie nur die Stellplätze ein, die zu diesem Eigentum gehören. Ein Stellplatz gehört auch dann noch zu diesem Eigentum, wenn für ihn ein eigenes Grundbuchblatt angelegt wurde. Es kommt auch nicht darauf an, ob sich eine Garage auf dem Grundstück der Eigentumswohnungsanlage oder auf einem Grundstück in der näheren Umgebung befindet. Dies gilt auch für Stellplätze, an denen ein Sondereigentum eingeräumt wurde.

### Angaben zu den Wohn- und Nutzflächen

*Zu den Zeilen 11 bis 19*

### Wohnfläche

Die Wohnfläche (Umfang und Ermittlung) ergibt sich z. B. aus der Wohnflächenberechnung nach der Wohnflächenverordnung. Sie können die Wohnfläche in der Regel den Bauunterlagen oder dem Mietvertrag entnehmen. Ist die Wohnfläche bis zum 31. Dezember 2003 nach der Zweiten Berechnungsverordnung ermittelt worden, kann auch diese für die Berechnung verwendet werden.

Die Wohnfläche einer Wohnung umfasst die Grundflächen der Räume, die ausschließlich zu dieser Wohnung gehören. Bei Wohnheimen sind dies auch die Grundflächen der Räume, die zur gemeinschaftlichen Nutzung vorgesehen sind.

Zur Wohnfläche gehören auch die Grundflächen von:

- häuslichen Arbeitszimmern,
- Wintergärten zur Hälfte,
- Schwimmbädern und ähnlichen nach allen Seiten geschlossenen Räumen zur Hälfte sowie
- Balkonen, Loggien, Dachgärten und Terrassen, wenn sie ausschließlich zu der Wohnung oder dem Wohnheim gehören, in der Regel zu einem Viertel, höchstens jedoch zur Hälfte.

Tragen Sie in Zeile 14 bitte die Anzahl und die Gesamtfläche der Wohnräume ein, die nicht den Wohnungsbegriff erfüllen (z. B. Wohnräume in einem Studentenwohnheim in Gestalt eines Appartementhauses). Entsprechen die Grundflächen von Räumen nicht den Anforderungen des Bauordnungsrechts der Länder zur Nutzung, gehören diese nicht zur Wohnfläche.

### Nutzfläche

Zu den Nutzflächen zählen Flächen, die betrieblichen (z. B. Werkstätten, Verkaufsläden, Büroräume), öffentlichen oder sonstigen Zwecken (z. B. Vereinsräume) dienen und keine Wohnflächen sind.

Tragen Sie bei Mietwohngrundstücken solche Räume sowie die jeweilige Nutzung bitte unter „Weitere Nutzflächen" (Zeilen 15 bis 19) ein. Bei Ein- und Zweifamilienhäusern und Wohnungseigentum müssen Sie diese Flächen zur Wohnfläche der jeweiligen Wohnung (Zeilen 11 bis 14) hinzurechnen.

Zubehörräume
Die Grundflächen von Zubehörräumen sind nicht einzutragen. Zubehörräume sind unter anderem:

- Kellerräume,
- Abstellräume und Kellerersatzräume außerhalb der Wohnung,
- Waschküchen und Trockenräume,
- Bodenräume und
- Heizungsräume.

## Angaben bei Nichtwohngrundstücken zum Sachwert

### Angaben zur Ermittlung der Normalherstellungskosten
*Zu den Zeilen 20 bis 34*

(Lageplan-)Nr.
Tragen Sie bitte die Nummer des Gebäudes aus dem Lageplan ein. Wenn Sie mehr als fünf Gebäude/Gebäudeteile angeben, tragen Sie weitere Gebäude/Gebäudeteile auf dem Einlageblatt zur Anlage Grundstück (Vordruck GW-2A) ein.

Gebäudeart
Tragen Sie bitte einen der folgenden Werte ein, der für die Gebäudeart zutrifft:
1 Gemischt genutzte Grundstücke (Wohnhäuser mit Mischnutzung)
2 Banken und ähnliche Geschäftshäuser
3 Bürogebäude, Verwaltungsgebäude
4 Gemeindezentren, Vereinsheime, Saalbauten, Veranstaltungsgebäude
5 Kindergärten (Kindertagesstätten), allgemeinbildende Schulen, berufsbildende Schulen, Hochschulen, Sonderschulen
6 Wohnheime, Internate, Alten- oder Pflegeheime
7 Krankenhäuser, Kliniken, Tageskliniken, Ärztehäuser
8 Beherbergungsstätten, Hotels, Verpflegungseinrichtungen
9.1 Sporthallen
9.2 Tennishallen
9.3 Freizeitbäder, Kur- und Heilbäder
10.1 Verbrauchermärkte
10.2 Kauf- und Warenhäuser
10.3 Autohäuser ohne Werkstatt
11.1 Betriebs- und Werkstätten ohne Hallenanteil; industrielle Produktionsgebäude, Massivbauweise
11.2 mehrgeschossige Betriebs- und Werkstätten mit einem hohen Hallenanteil; industrielle Produktionsgebäude, überwiegend Skelettbauweise
12.1 Lagergebäude ohne Mischnutzung, Kaltlager
12.2 Lagergebäude mit bis zu 25 Prozent Mischnutzung
12.3 Lagergebäude mit mehr als 25 Prozent Mischnutzung
13 Museen, Theater, Sakralbauten
14 Reithallen, ehemalige landwirtschaftliche Mehrzweckhallen, Scheunen und Ähnliches
15 Stallbauten
16 Hochgaragen, Tiefgaragen und Nutzfahrzeuggaragen
17 Einzelgaragen, Mehrfachgaragen
18 Carports und Ähnliches

Wenn Sie eine Gebäudeart angeben möchten, die nicht in der Liste aufgeführt ist, tragen Sie bitte die Ziffer einer vergleichbaren Gebäudeart ein. Beispiele für nicht aufgeführte Gebäudearten können Sie der folgenden Tabelle entnehmen:

| Nicht aufgeführte Gebäudeart | Vergleichbar mit Gebäudeart | Gebäudeart |
|---|---|---|
| Abfertigungsgebäude, Terminal, Bahnhofshalle | Betriebs- und Werkstätten, mehrgeschossig, hoher Hallenanteil; industrielle Produktionsgebäude, überwiegend Skelettbauweise | 11.2 |
| Apotheke, Boutique, Laden | Kauf- und Warenhäuser | 10.2 |
| Bar, Tanzbar, Nachtclub | Beherbergungsstätten, Hotels, Verpflegungseinrichtungen | 8 |
| Baumarkt, Discountermarkt, Gartenzentrum | Verbrauchermärkte | 10.1 |
| Bürgerhaus | Gemeindezentren, Saalbauten, Veranstaltungsgebäude, Vereinsheime | 4 |
| Einkaufszentrum (Shopping-Center, Shopping-Mall) | Kauf- und Warenhäuser | 10.2 |
| Gewerblich genutzte freistehende Überdachung | Lagergebäude ohne Mischnutzung, Kaltlager | 12.1 |
| Großraumdisco, Kino, Konzertsaalbau | Gemeindezentren, Saalbauten, Veranstaltungsgebäude, Vereinsheime | 4 |
| Indoor-Spielplatz, Kletter-, Kart-, Skihalle | Sporthallen | 9.1 |
| Jugendheim, Tagesstätte | Wohnheime, Internate, Alten- und Pflegeheime | 6 |
| Logistikzentrum (Lagerung, Verwaltung, Kommissionierung, Verteilung und Umschlag), soweit keine Abgrenzung eigener Gebäudeteile möglich ist | Lagergebäude | 12.1, 12.2 oder 12.3 |
| Markthalle, Großmarkthalle | Verbrauchermärkte | 10.1 |
| Mehrfamilienhaus, Wohnhaus auf gemischt genutzten Grundstücken | Gemischt genutzte Grundstücke (Wohnhäuser mit Mischnutzung) | 1 |
| Möbelhaus, eingeschossig | Verbrauchermärkte | 10.1 |
| Möbelhaus, mehrgeschossig | Kauf- und Warenhäuser | 10.2 |

4

| Nicht aufgeführte Gebäudeart | Vergleichbar mit Gebäudeart | Gebäudeart |
|---|---|---|
| Parkhaus | Hochgaragen, Tiefgaragen und Nutzfahrzeuggaragen | 16 |
| Pferdestall | Stallbauten | 15 |
| Restaurant | Beherbergungsstätten, Hotels, Verpflegungseinrichtungen | 8 |
| Therme, Saunalandschaft | Freizeitbäder, Kur- und Heilbäder | 9.3 |
| Waschstraße | Betriebs- und Werkstätten, Industrie- und Produktionsgebäude, eingeschossig oder mehrgeschossig, ohne Hallenanteil; industrielle Produktionsgebäude, Massivbauweise | 11.1 |
| Wochenendhaus, das nicht dauernd bewohnt werden kann | Gemischt genutzte Grundstücke (Wohnhäuser mit Mischnutzung) | 1 |

**Baujahr**
Tragen Sie bitte das Jahr ein, in dem das Gebäude erstmalig bezugsfertig war. Ein Gebäude ist erstmalig bezugsfertig, wenn die bestimmungsgemäße Nutzung möglich ist. Die Abnahme durch die Bauaufsichtsbehörde ist hierfür nicht entscheidend. Tragen Sie bitte auch dann das Jahr der erstmaligen Bezugsfertigkeit ein, wenn das Gebäude zu einem späteren Zeitpunkt durch Anbauten oder Aufstockungen erweitert wurde.

**Kernsanierung**
Tragen Sie bitte das Jahr ein, in dem eine Kernsanierung abgeschlossen wurde.

Durch eine Kernsanierung wird das Gebäude in einen Zustand versetzt, der nahezu dem eines neuen Gebäudes entspricht. Dazu wird bei dem Gebäude zunächst alles außer der tragenden Substanz entfernt. Decken, Außenwände, tragende Innenwände und ggf. der Dachstuhl bleiben dabei normalerweise erhalten. Diese können ggf. instand gesetzt werden.
Voraussetzungen für das Vorliegen einer Kernsanierung sind insbesondere die komplette Erneuerung

- der Dacheindeckung,
- der Fassade,
- der Innen- und Außenwände mit Ausnahme der tragenden Wände,
- der Fußböden,
- der Fenster,
- der Innen- und Außentüren sowie
- sämtlicher technischer Systeme wie z. B. der Heizung einschließlich aller Leitungen, des Abwassersystems einschließlich der Grundleitungen, der elektrischen Leitungen und der Wasserversorgungsleitungen, sofern diese technisch einwandfrei als neuwertig anzusehen sind.

Im Einzelfall müssen nicht zwingend alle der vorgenannten Kriterien gleichzeitig erfüllt sein. Dies gilt insbesondere für solche Gebäude und Gebäudeteile, bei denen aufgrund baurechtlicher Vorgaben eine weitreichende Veränderung nicht zulässig ist (z. B. unter Denkmalschutz stehende Gebäude und Gebäudeteile).

**Abbruchverpflichtung**
Tragen Sie bei einer Abbruchverpflichtung bitte das Jahr ein, in dem das Gebäude abgerissen werden muss.

**Bruttogrundfläche**
*Zu den Zeilen 22, 25, 28, 31 und 34*
Tragen Sie bitte die Bruttogrundfläche in Quadratmetern für jede Gebäudeart gesondert ein. Die Bruttogrundfläche ist die Summe der nutzbaren Grundflächen aller Grundrissebenen eines Bauwerks und der Grundflächen der äußeren Maße der Bauteile. Diese schließt die Bekleidung, z. B. Putz und Außenschalen, ein. Bei den Grundflächen werden die folgenden Bereiche unterschieden:

- Bereich a: überdeckt und allseitig in voller Höhe umschlossen,
- Bereich b: überdeckt, jedoch nicht allseitig in voller Höhe umschlossen,
- Bereich c: nicht überdeckt.

Als Bruttogrundfläche sind nur die Grundflächen der Bereiche a und b maßgebend.

Zur Bruttogrundfläche gehören z. B. nicht:

- Flächen von Balkonen
- Flächen von Spitzböden
- Flächen von Kriechkellern
- Flächen, die ausschließlich der Wartung, Inspektion und Instandsetzung von Baukonstruktionen und technischen Anlagen dienen
- Flächen unter konstruktiven Hohlräumen (z. B. über abgehängten Decken).

Für den Zivilschutz genutzte Gebäude, Gebäudeteile und Anlagen bleiben bei der Ermittlung des Grundsteuerwerts außer Betracht. Geben Sie daher bitte an, wie viele Quadratmeter der Bruttogrundfläche auf Gebäude, Gebäudeteile und Anlagen für den Zivilschutz entfallen.

9

5

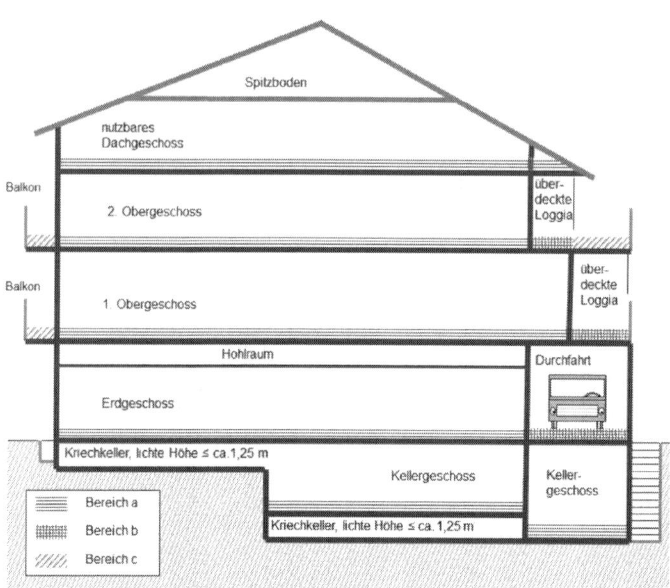


*Abbildung: Zuordnung der Grundflächen zu den Bereichen a, b und c*

## Zusätzliche Angabe bei Wohnungs-/Teileigentum

*Zur Zeile 36*

**Wohnungs- und Teileigentum** liegt vor, wenn der Antrag auf Eintragung beim Grundbuchamt abgegeben wird. Bitte erkundigen Sie sich ggf. beim Notar, wann dieser den Antrag beim Grundbuchamt eingereicht hat. Tragen Sie hier bitte dieses Datum ein. Eine Eintragung ist nur bei neu begründetem Wohnungs- oder Teileigentum erforderlich, wenn also noch kein Wohnungs- oder Teileigentumsgrundbuchblatt vorliegt.

## Erbbaurecht/Gebäude auf fremdem Grund und Boden

*Zu den Zeilen 37 bis 44*

Das **Erbbaurecht** ist das Recht der bzw. des Erbbauberechtigten, auf oder unter der Oberfläche eines Grundstücks einer anderen Eigentümerin bzw. eines anderen Eigentümers (einer bzw. eines Erbbauverpflichteten), ein Bauwerk zu haben. Dieses Recht kann veräußert und vererbt werden. Das Erbbaurecht bildet zusammen mit dem durch das Erbbaurecht belasteten Grundstück eine wirtschaftliche Einheit.

Die **Erklärung zur Feststellung des Grundsteuerwerts** ist im Falle eines Erbbaurechts von der bzw. dem Erbbauberechtigten unter Einbeziehung der bzw. des Erbbauverpflichteten abzugeben. Tragen Sie in den Zeilen 39 bis 44 daher bitte den Namen und die Anschrift der bzw. des Erbbauverpflichteten ein.

Bei einem **Gebäude auf fremdem Grund und Boden** bilden das Gebäude und der dazugehörende Grund und Boden eine wirtschaftliche Einheit. Die **Erklärung zur Feststellung des Grundsteuerwerts** ist in diesem Fall von der Eigentümerin bzw. von dem Eigentümer des Grund und Bodens unter Einbeziehung der (wirtschaftlichen) Eigentümerin bzw. des (wirtschaftlichen) Eigentümers des Gebäudes abzugeben. Tragen Sie in den Zeilen 39 bis 44 daher bitte den Namen und die Anschrift der (wirtschaftlichen) Eigentümerin bzw. des (wirtschaftlichen) Eigentümers des Gebäudes ein.

6

# Vordruck GW-4

Aktenzeichen/Steuernummer ohne Sonderzeichen

1

Finanzamt

2

## Anlage Grundsteuerbefreiung/-vergünstigung

zur Erklärung zur Feststellung des Grundsteuerwerts

auf den 1. Januar 2 0

2022BUAGW4071

**Angaben zu Grundsteuerbefreiungen** 13

**Verwendung des gesamten Grundbesitzes für steuerbegünstigte Zwecke**

Der gesamte Grundbesitz wird für steuerbegünstigte Zwecke verwendet.

3 Nummer der Nutzungsart (siehe Ausfüllanleitung): 62

**Verwendung eines räumlich abgrenzbaren Teils des Grundbesitzes für steuerbegünstigte Zwecke**

Ein räumlich abgrenzbarer Teil des Grundbesitzes wird für steuerbegünstigte Zwecke verwendet.

| | Gebäude Nr./ Flurstück Nr. | Lage der Räume / Bezeichnung | begünstigte Fläche in m² | Nummer der Nutzungsart (s. Ausfüllanleitung): | enth. in Vordruck GW-2 oder GW-3, Zeile: |
|---|---|---|---|---|---|
| 4 | | | | | |
| 5 | | | | | |
| 6 | | | | | |
| 7 | | | | | |
| 8 | | | | | |
| 9 | | | | | |
| 10 | | | | | |
| 11 | | | | | |

**Verwendung eines räumlich nicht abgrenzbaren Teils des Grundbesitzes für steuerbegünstigte Zwecke**

Ein räumlich nicht abgrenzbarer Teil des Grundbesitzes wird für steuerbegünstigte Zwecke verwendet; die Nutzung zu steuerbegünstigten Zwecken überwiegt.

12 Nummer der Nutzungsart (siehe Ausfüllanleitung): 64

**Angaben bei Grundsteuervergünstigungen**

**Vergünstigung des gesamten Grundbesitzes**

Für den gesamten Grundbesitz liegen die Voraussetzungen für eine Ermäßigung der Steuermesszahl vor.

13 Nummer der Vergünstigung (siehe Ausfüllanleitung): 63

14 Auf dem Grundstück befindet sich ein Gebäude, das ein Baudenkmal im Sinne des jeweiligen Landesdenkmalschutzgesetzes ist. 65 1 = Ja

**Vergünstigung von Teilen des Grundbesitzes**

Für Teile des steuerpflichtigen Grundbesitzes liegen die Voraussetzungen für eine Ermäßigung der Steuermesszahl vor.

| | Gebäude Nr. | Lage der Räume / Bezeichnung | vergünstigte Fläche in m² | Nummer der Vergünstigung (s. Ausfüllanleitung): | enthalten in Vordruck GW-2, Zeile: |
|---|---|---|---|---|---|
| 15 | | | | | |
| 16 | | | | | |
| 17 | | | | | |
| 18 | | | | | |
| 19 | | | | | |
| 20 | | | | | |
| 21 | | | | | |
| 22 | | | | | |

9

# Anleitung zur Anlage Grundsteuerbefreiung/-vergünstigung

## zur Erklärung zur Feststellung des Grundsteuerwerts (Vordruck GW-4)

Diese Anleitung informiert Sie über Ihre steuerlichen Pflichten und hilft Ihnen, den Vordruck richtig auszufüllen.

Bitte fügen Sie Ihrer **Erklärung zur Feststellung des Grundsteuerwerts (GW-1)** die **Anlage Grundsteuerbefreiung/-vergünstigung (GW-4)** bei, wenn
- der Grundbesitz ganz oder teilweise von der **Grundsteuer befreit** ist oder
- die Voraussetzungen für einen **Abschlag auf die Steuermesszahl** vorliegen.

Eine **Grundsteuerbefreiung** kommt unter anderem für folgende Personen(-gruppen) oder Institutionen in Betracht:
- juristische Personen des öffentlichen Rechts,
- gemeinnützige oder mildtätige Körperschaften, Personenvereinigungen und Vermögensmassen und
- Religionsgemeinschaften.

Ein **Abschlag auf die Steuermesszahl** kommt unter anderem für Grundbesitz in Betracht,
- auf dem Wohnungen gebaut wurden, die nach dem Wohnraumförderungsgesetz gefördert werden,
- der Wohnungsbaugesellschaften, -genossenschaften oder -vereinen gehört oder
- auf dem sich ein Baudenkmal im Sinne des jeweiligen Landesdenkmalschutzgesetzes befindet.

Wenn die Voraussetzungen für eine Grundsteuerbefreiung oder einen Abschlag auf die Steuermesszahl wegfallen, müssen Sie dies dem Finanzamt innerhalb von drei Monaten mitteilen. Die Frist beginnt mit dem Wegfall der Voraussetzungen (§ 19 des Grundsteuergesetzes – GrStG).

### Wie fülle ich die Erklärung aus?

Bitte beantworten Sie alle für den Grundbesitz zutreffenden Fragen. Füllen Sie den Vordruck bitte deutlich und vollständig aus. Benutzen Sie für die Eintragungen nur die zutreffenden weißen Felder. Verwenden Sie bitte aussagekräftige Abkürzungen, soweit erforderlich.

### Angaben bei Grundsteuerbefreiungen

*Zu Zeile 3*

Geben Sie bitte die Ziffer der zutreffenden Nutzung an, wenn der **gesamte Grundbesitz** von einem begünstigten Rechtsträger oder für begünstigte Zwecke genutzt wird. Die zutreffende Ziffer können Sie der folgenden Liste entnehmen:

| Der folgende Grundbesitz bestimmter Rechtsträger ist von der Steuer befreit (§ 3 GrStG): | |
|---|---|
| 1 | § 3 Absatz 1 Satz 1 Nummer 1 GrStG:<br>Grundbesitz, der von einer inländischen juristischen Person des öffentlichen Rechts für einen öffentlichen Dienst oder Gebrauch genutzt wird. Das gilt nicht für Grundbesitz, der von Berufsvertretungen und Berufsverbänden sowie von Kassenärztlichen Vereinigungen und Kassenärztlichen Bundesvereinigungen benutzt wird. |
| 2 | § 3 Absatz 1 Satz 1 Nummer 2 GrStG:<br>Grundbesitz, der vom Bundeseisenbahnvermögen für Verwaltungszwecke genutzt wird. |
| 3 | § 3 Absatz 1 Satz 1 Nummer 3 GrStG:<br>Grundbesitz, der von einer inländischen<br>- juristischen Person des öffentlichen Rechts oder<br>- Körperschaft oder<br>- Personenvereinigung oder<br>- Vermögensmasse<br>genutzt wird.<br>Die Körperschaft, Personenvereinigung oder Vermögensmasse muss nach ihrer Satzung, ihrem Stiftungsgeschäft oder ihrer sonstigen Verfassung und nach ihrer tatsächlichen Geschäftsführung ausschließlich und unmittelbar gemeinnützigen oder mildtätigen Zwecken dienen.<br>Der Grundbesitz darf nur für gemeinnützige oder mildtätige Zwecke genutzt werden. |
| 4 | § 3 Absatz 1 Satz 1 Nummer 4 GrStG:<br>Grundbesitz, der von<br>- einer Religionsgesellschaft, die Körperschaft des öffentlichen Rechts ist, oder<br>o einem ihrer Orden oder<br>o einer ihrer religiösen Genossenschaften oder<br>o einem ihrer Verbände oder<br>- einer jüdischen Kultusgemeinde<br>für einen der folgenden Zwecke verwendet wird:<br>- religiöse Unterweisung,<br>- Wissenschaft,<br>- Unterricht,<br>- Erziehung oder<br>- eigene Verwaltung. |

| Der folgende Grundbesitz bestimmter Rechtsträger ist von der Steuer befreit (§ 3 GrStG): | |
|---|---|
| 5 | § 3 Absatz 1 Satz 1 Nummer 5 GrStG:<br>Dienstwohnungen der Geistlichen und Kirchendiener<br>- der Religionsgesellschaften, die Körperschaften des öffentlichen Rechts sind, oder<br>- der jüdischen Kultusgemeinden.<br><br>Die Regelung des § 5 GrStG, dass Wohnungen immer steuerpflichtig sind, ist insoweit nicht anzuwenden. |
| 6 | § 3 Absatz 1 Satz 1 Nummer 6 GrStG:<br>Grundbesitz<br>- der Religionsgesellschaften, die Körperschaften des öffentlichen Rechts sind, oder<br>- der jüdischen Kultusgemeinden.<br><br>Der Grundbesitz muss am 1. Januar 1987 und zum Veranlagungszeitpunkt zu einem nach Kirchenrecht gesonderten Vermögen, insbesondere einem Stellenfonds, gehören. In den „neuen Bundesländern" reicht es aus, wenn der Grundbesitz zu einem Zeitpunkt vor dem 1. Januar 1987 und zum Veranlagungszeitpunkt zu diesem gesonderten Vermögen gehört. Die Erträge aus dem gesonderten Vermögen dürfen ausschließlich für die Besoldung und Versorgung der Geistlichen und Kirchendiener sowie ihrer Hinterbliebenen bestimmt sein.<br><br>Die Regelung des § 5 GrStG, dass Wohnungen immer steuerpflichtig sind, ist insoweit nicht anzuwenden. Der Grundbesitz darf auch land- und forstwirtschaftlich genutzt werden, ohne dass dies Auswirkungen auf die Steuerbefreiung hätte. |
| **Sonstiger Grundbesitz, der von der Steuer befreit ist:** | |
| 7 | § 4 Nummer 1 GrStG:<br>Grundbesitz, der dem Gottesdienst<br>- einer Religionsgesellschaft, die Körperschaft des öffentlichen Rechts ist, oder<br>- einer jüdischen Kultusgemeinde<br>gewidmet ist. |
| 8 | § 4 Nummer 2 GrStG:<br>Bestattungsplätze. |
| 9 | § 4 Nummer 3 Buchstabe a) GrStG:<br>Dem öffentlichen Verkehr dienende<br>- Straßen,<br>- Wege,<br>- Plätze,<br>- Wasserstraßen,<br>- Häfen und<br>- Schienenwege.<br><br>Grundflächen, die mit Bauwerken und Einrichtungen bebaut sind, die unmittelbar dem öffentlichen Verkehr dienen, z. B. Brücken, Stellwerke etc. |
| 10 | § 4 Nummer 3 Buchstabe b) GrStG:<br>Alle Flächen auf Verkehrsflughäfen und Verkehrslandeplätzen, die unmittelbar zur Gewährleistung eines ordnungsgemäßen Flugbetriebs notwendig sind und von Hochbauten und sonstigen Luftfahrthindernissen freigehalten werden müssen.<br><br>Grundflächen, die mit Bauwerken und Einrichtungen bebaut sind, die unmittelbar dem ordnungsgemäßen Betrieb auf Verkehrsflughäfen und Verkehrslandeplätzen dienen.<br><br>Grundflächen ortsfester Flugsicherungsanlagen einschließlich der Flächen, die für einen einwandfreien Betrieb dieser Anlagen erforderlich sind. |
| 11 | § 4 Nummer 3 Buchstabe c) GrStG:<br>Fließende Gewässer und die ihren Abfluss regelnden Sammelbecken. |
| 12 | § 4 Nummer 4 GrStG:<br>Grundflächen, die mit Einrichtungen der öffentlich-rechtlichen Wasser- und Bodenverbände bebaut sind. Die Einrichtungen müssen dem Interesse der Ordnung und Verbesserung der Wasser- und Bodenverhältnisse dienen.<br><br>Privatdeiche, die im öffentlichen Interesse staatlich unter Schau gestellt sind. |
| 13 | § 4 Nummer 5 GrStG:<br>Grundbesitz, der für Zwecke<br>- der Wissenschaft,<br>- des Unterrichts oder<br>- der Erziehung<br>benutzt wird.<br><br>Die Landesregierung oder die von ihr beauftragte Stelle muss anerkannt haben, dass der Nutzungszweck im Rahmen der öffentlichen Aufgaben liegt. Außerdem darf der Grundbesitz ausschließlich demjenigen, der ihn nutzt, oder einer juristischen Person des öffentlichen Rechts zuzurechnen sein. |

2

| Der folgende Grundbesitz bestimmter Rechtsträger ist von der Steuer befreit (§ 3 GrStG): | |
|---|---|
| 14 | § 4 Nummer 6 GrStG:<br>Grundbesitz, der für die Zwecke eines Krankenhauses genutzt wird.<br>Das Krankenhaus muss im Kalenderjahr vor dem Veranlagungszeitpunkt die Voraussetzungen des § 67 Absatz 1 oder 2 der Abgabenordnung erfüllt haben. Außerdem darf der Grundbesitz ausschließlich dem Träger des Krankenhauses oder einer juristischen Person des öffentlichen Rechts zuzurechnen sein. |
| 15 | Wiener Konventionen:<br>Grundbesitz ausländischer Staaten,<br>- der für diplomatische Zwecke genutzt wird (Wiener Übereinkommen über diplomatische Beziehungen - WÜD - vom 18. April 1961 (Bundesgesetzblatt - BGBl. 1964 II S. 959)) und<br>- der unter der gleichen Voraussetzung konsularischen Zwecken dient (Wiener Übereinkommen über konsularische Beziehungen - WÜK - vom 24. April 1963 (BGBl. 1969 II S. 1587)). |

Der Grundbesitz bestimmter Rechtsträger ist nur dann von der Steuer befreit, wenn er demjenigen zuzurechnen ist, der ihn für begünstigte Zwecke nutzt, oder einem anderen begünstigten Rechtsträger.

**Wohnungen sind stets steuerpflichtig**, auch wenn der Grundbesitz für steuerbegünstigte Zwecke genutzt wird (§ 5 Absatz 2 GrStG). Eine Wohnung ist die Zusammenfassung mehrerer Räume, die zusammen das Führen eines selbstständigen Haushalts ermöglichen. Die Räume müssen von anderen Wohnungen oder Räumen baulich getrennt sein und eine abgeschlossene Wohneinheit bilden. Zudem benötigen sie einen selbstständigen Zugang und die für das Führen eines Haushalts erforderlichen Nebenräumen (Küche, Bad oder Dusche, Toilette). Die Wohnfläche soll mindestens 20 m² betragen.

Gehören zu Ihrem Grundbesitz steuerfreie Garagen-/Tiefgaragenstellplätze, tragen Sie diese bitte in einer gesonderten Zeile ein. Tragen Sie in diesem Fall bitte in der Spalte „begünstigte Fläche in m²" unabhängig von der tatsächlichen Größe des Stellplatzes eine Fläche von 15 m² je Stellplatz ein.

Grundbesitz, der für steuerbegünstigte Zwecke und **land- und forstwirtschaftlich** genutzt wird, ist nur in den nachfolgend genannten Fällen steuerbefreit (§ 6 GrStG):

- Grundbesitz, der Lehr- oder Versuchszwecken dient (Ziffer 3 oder 13 der vorangestellten Tabelle);
- Grundbesitz, der von der Bundeswehr, den ausländischen Streitkräften, den internationalen militärischen Hauptquartieren, der Bundespolizei, der Polizei oder des sonstigen Schutzdienstes des Bundes und der Gebietskörperschaften sowie ihrer Zusammenschlüsse als Übungsplatz oder Flugplatz genutzt wird (Ziffer 1 oder 3 der vorangestellten Tabelle);
- Grundbesitz, der unter § 4 Nummer 1 bis 4 GrStG (Ziffern 7 - 12 der vorangestellten Tabelle) fällt.

Geben Sie bitte in diesem Fall die Ziffern der entsprechend zutreffenden Nutzungen aus der vorangestellten Tabelle an.

*Zu den Zeilen 4 bis 11*

Füllen Sie bitte die Tabelle aus, wenn nicht der gesamte Grundbesitz, sondern nur ein **räumlich abgrenzbarer Teil** für steuerbegünstigte Zwecke verwendet wird. Tragen Sie für jeden von der Grundsteuer befreiten Teil des Grundbesitzes insbesondere die folgenden Daten ein:

- die Nummer des Gebäudes/Gebäudeteils bzw. bei einer teilweisen Steuerbefreiung eines land- und forstwirtschaftlichen Betriebs die Nummer des Flurstücks,
- die Lage,
- die Wohn-/Nutzfläche bei Wohngrundstücken bzw. die Bruttogrundfläche bei Nichtwohngrundstücken in Quadratmetern und
- die Ziffer der begünstigten Nutzungsart.

*Zu Zeile 12*

Tragen Sie bitte die Ziffer der überwiegenden Nutzungsart ein, wenn das Grundstück teilweise für steuerbegünstigte Zwecke genutzt wird, eine räumliche Abgrenzung aber nicht möglich ist, z. B. bei einer Mehrzweckhalle. Die überwiegende Nutzungsart ist die Art der Nutzung, die mehr als 50 % der gesamten Nutzung ausmacht. Der gesamte Grundbesitz ist von der Steuer befreit, wenn die Nutzung zu steuerbegünstigten Zwecken überwiegt.

## Angaben bei Grundsteuervergünstigungen

*Zu den Zeilen 13 und 14*

Es wird ein Abschlag auf die Steuermesszahl gewährt, wenn die gesetzlichen Voraussetzungen erfüllt sind. Bitte tragen Sie die Nummer der Voraussetzung ein, die Ihr Grundbesitz erfüllt. Wenn sich auf dem Grundstück ein Gebäude, das ein Baudenkmal im Sinne des jeweiligen Landesdenkmalschutzgesetzes ist, befindet, tragen Sie in dem entsprechenden Feld in Zeile 14 eine „1" ein.

| | |
|---|---|
| 1 | Abschlag nach § 15 Absatz 2 GrStG:<br>Für das Grundstück wurde eine Förderzusage nach § 13 Absatz 3 des Wohnraumförderungsgesetzes erteilt. |
| 2 | Abschlag nach § 15 Absatz 3 GrStG:<br>Für das Grundstück wurde eine Förderzusage nach einem Wohnraumförderungsgesetz eines Landes erteilt. |
| 3 | Abschlag nach § 15 Absatz 4 Satz 1 Nummer 1 GrStG:<br>Das Grundstück wird einer Wohnungsbaugesellschaft zugerechnet. Die Anteile der Wohnungsbaugesellschaft werden mehrheitlich von einer oder mehreren Gebietskörperschaft/en gehalten, und es besteht ein Gewinnabführungsvertrag zwischen der Wohnungsbaugesellschaft und der Gebietskörperschaft beziehungsweise den Gebietskörperschaften. |
| 4 | Abschlag nach § 15 Absatz 4 Satz 1 Nummer 2 GrStG:<br>Das Grundstück wird einer Wohnungsbaugesellschaft zugerechnet. Die Wohnungsbaugesellschaft ist als gemeinnützig im Sinne des § 52 der Abgabenordnung anerkannt. |

3

| 5 | Abschlag nach § 15 Absatz 4 Satz 1 Nummer 3 GrStG:<br>Das Grundstück wird einer Genossenschaft oder einem Verein zugerechnet. Die Genossenschaft oder der Verein<br>- beschränkt seine Geschäftstätigkeit auf Bereiche, die in § 5 Absatz 1 Satz 1 Nummer 10 Buchstabe a) und b) des Körperschaftsteuergesetzes genannt sind, und<br>- ist von der Körperschaftsteuer befreit. |
|---|---|

**Der nach § 15 Absatz 4 GrStG erforderliche Antrag gilt durch das Eintragen der jeweiligen Ziffer als gestellt. Ein zusätzliches, gesondertes Antragsschreiben ist nicht erforderlich.**

*Zu den Zeilen 15 bis 22*

Füllen Sie bitte die Tabelle aus, wenn die Voraussetzungen für eine Ermäßigung der Steuermesszahl nur für einen **Teil des Grundstücks** vorliegen. Tragen Sie für jeden von der Grundsteuer befreiten Teil des Grundbesitzes insbesondere die folgenden Daten ein:

- die Nummer des Gebäudes/Gebäudeteils,
- die Lage,
- die Wohn-/Nutzfläche bei Wohngrundstücken bzw. die Bruttogrundfläche bei Nichtwohngrundstücken in Quadratmetern und
- die Ziffer der Vergünstigung.

Die zutreffende Ziffer können Sie der folgenden Liste entnehmen:

| 1 | Abschlag nach § 15 Absatz 2 GrStG:<br>Für das Grundstück wurde eine Förderzusage nach § 13 Absatz 3 des Wohnraumförderungsgesetzes erteilt. |
|---|---|
| 2 | Abschlag nach § 15 Absatz 3 GrStG:<br>Für das Grundstück wurde eine Förderzusage nach einem Wohnraumförderungsgesetz eines Landes erteilt. |
| 3 | Abschlag nach § 15 Absatz 4 Satz 1 Nummer 1 GrStG:<br>Das Grundstück wird einer Wohnungsbaugesellschaft zugerechnet. Die Anteile der Wohnungsbaugesellschaft werden mehrheitlich von einer oder mehreren Gebietskörperschaft/en gehalten, und es besteht ein Gewinnabführungsvertrag zwischen der Wohnungsbaugesellschaft und der Gebietskörperschaft beziehungsweise den Gebietskörperschaften. |
| 4 | Abschlag nach § 15 Absatz 4 Satz 1 Nummer 2 GrStG:<br>Das Grundstück wird einer Wohnungsbaugesellschaft zugerechnet. Die Wohnungsbaugesellschaft ist als gemeinnützig im Sinne des § 52 der Abgabenordnung anerkannt. |
| 5 | Abschlag nach § 15 Absatz 4 Satz 1 Nummer 3 GrStG:<br>Das Grundstück wird einer Genossenschaft oder einem Verein zugerechnet. Die Genossenschaft oder der Verein<br>- beschränkt seine Geschäftstätigkeit auf Bereiche, die in § 5 Absatz 1 Satz 1 Nummer 10 Buchstabe a) und b) des Körperschaftsteuergesetzes genannt sind, und<br>- ist von der Körperschaftsteuer befreit. |
| 6 | Abschlag nach § 15 Absatz 5 GrStG:<br>Das Gebäude oder der Gebäudeteil ist ein Baudenkmal im Sinne des jeweiligen Landesdenkmalschutzgesetzes. |

4

## Amnestieregelung

Der Gesetzgeber hat eine interessante Amnestieregelung geschaffen, die Sie in § 266 Abs. 3 BewG finden.

Möglicherweise ist bei einem Gebäude in der Vergangenheit das Dachgeschoss ausgebaut worden. Dann kann es sein, dass das Finanzamt den Ausbau allein deshalb nicht der Grundsteuer unterwerfen konnte, weil es nichts von dem Ausbau wusste. In diesen Fällen haben die Eigentümer häufig ein schlechtes Gewissen. Zu Unrecht, denn die Eigentümer hatten bei der Einheitsbewertung keine Verpflichtung, in derartigen Fällen eine entsprechende Anzeige beim Finanzamt einzureichen.

Wenn nun im Rahmen der Hauptfeststellung die zutreffenden Flächen erklärt werden müssen, stellt sich die Frage, ob das Finanzamt den – schon viele Jahre vorhandenen – Dachgeschossausbau rückwirkend bei der Einheitsbewertung berücksichtigt. Und genau hier sagt der Gesetzgeber: Nein, die rückwirkende Auswertung bei der Einheitsbewertung ist unzulässig.

Dabei gibt es aber eine wichtige Voraussetzung, die erfüllt sein muss. Die Amnestie bei der Einheitsbewertung gilt nur, wenn das Finanzamt von dem Ausbau nicht bereits vorher etwas von anderer Stelle erfahren hat. In der Praxis ist das meistens das Bauamt, das dem Finanzamt regelmäßig und planmäßig alle baulichen Veränderungen mitteilt.

Das bedeutet: Je früher Sie Ihre Erklärung beim Finanzamt einreichen, desto größer sind Ihre Chancen für die Amnestie bei der Einheitsbewertung.



**Hinweis:**

In Zweifelfällen sollten Sie sich steuerlich beraten lassen.

# Änderungen des Grundsteuergesetzes

## Zahlreiche neue Regelungen

Zum 01.01.2022 wird Ihnen nicht nur ein neuer Grundsteuerwert zugeteilt, Sie erhalten auch einen neuen Grundsteuermessbetrag. Auf diesen Grundsteuermessbetrag wendet die Kommune den Hebesatz an, so dass sich die zu zahlende Grundsteuer ergibt.

Auch innerhalb des Grundsteuergesetzes sind Neuregelungen enthalten, die für Sie wichtig sind.

Dazu gehören insbesondere folgende Regelungen:

- Regelung der neuen Grundsteuermesszahlen
- Abschlag bei öffentlicher Förderung von 25 Prozent
- Abschlag für Denkmäler von 10 Prozent
- Baulandmobilisierung

## Neue Grundsteuermesszahlen

Wichtig sind die neuen Steuermesszahlen. Bei der Berechnung der Grundsteuer ist von einem Steuermessbetrag auszugehen.

Dieser ergibt sich durch Multiplikation eines Promillesatzes – das ist die Steuermesszahl – mit dem Grundsteuerwert.

Es gilt also folgende Formel:

| Grundsteuerwert x Steuermesszahl = Steuermessbetrag |
|---|

Der Gesetzgeber hat zwei verschiedene Steuermesszahlen festgelegt:

- Für Betriebe der Land- und Forstwirtschaft gilt künftig eine Grundsteuermesszahl von **0,55 Promille**. Bislang betrug die Grundsteuermesszahl 6 Promille.
- Für unbebaute und bebaute Grundstücke sowie für Erbbaurechtsfälle und Gebäude auf fremdem Grund und Boden beträgt die Grundsteuermesszahl **0,34 Promille**.

Zum Vergleich mit den bisherigen Grundsteuermessbeträgen verwenden Sie die nachstehende Tabelle.

## Steuermesszahlen in den alten Ländern

| Betriebe der Land- und Forstwirtschaft | | **6 ‰** |
|---|---|---|
| Einfamilienhäuser | für die ersten 38.346,89 EUR des Einheitswerts | **2,6 ‰** |
| | für den Rest | **3,5 ‰** |
| Zweifamilienhäuser | | **3,1 ‰** |
| übrige Grundstücke | | **3,5 ‰** |

## Steuermesszahlen in den neuen Ländern

| **Grundstücksgruppen** | | **Gemeindegruppen** | | |
|---|---|---|---|---|
| | | **bis 25.000 Einwohner** | **über 25.000 bis 1 Mio. Einwohner** | **über 1 Mio. Einwohner** |
| Unbebaute Grundstücke | | 10 ‰ | 10 ‰ | 10 ‰ |
| Einfamilienhäuser, Altbauten (31.03.1924) | für die ersten angefangenen oder vollen 15.338,76 EUR des Einheitswerts | 10 ‰ | 8 ‰ | 6 ‰ |
| | für den 15.338,76 EUR übersteigenden Teil des Einheitswerts | 10 ‰ | 10 ‰ | 10 ‰ |
| Einfamilienhäuser, Neubauten | für die ersten angefangenen oder vollen 15.338,76 EUR des Einheitswerts | 8 ‰ | 6 ‰ | 5 ‰ |
| | für den 15.338,76 EUR übersteigenden Teil des Einheitswerts | 8 ‰ | 7 ‰ | 6 ‰ |
| Altbauten (ohne Einfamilienhäuser) | | 10 ‰ | 10 ‰ | 10 ‰ |
| Neubauten (ohne Einfamilienhäuser) | | 8 ‰ | 7 ‰ | 6 ‰ |

## Neu: 25 Prozent Grundsteuervergünstigung

Bei einer öffentlichen Förderung erhalten Sie eine Grundsteuervergünstigung.

Wohnen ist ein existenzielles Grundbedürfnis. Deshalb hat der Gesetzgeber einen Abschlag von der Steuermesszahl für öffentlich geförderte Wohngrundstücke vorgesehen. Diese Grundsteuervergünstigung erhalten Sie allerdings nur, wenn bereits im außersteuerrechtlichen Bereich die Wohnraumförderwürdigkeit anerkannt wurde.

Deshalb brauchen Sie für die Grundsteuervergünstigung einen Förderbescheid. Ferner müssen Sie die Förderkriterien nach dem Wohnraumförderungsgesetz (WoFG) des Bundes einhalten.

Konkret wird die Steuermesszahl um **25 Prozent** ermäßigt, wenn

1. für das Grundstück nach § 13 Abs. 3 WoFG vom 13.09.2001, das zuletzt durch Artikel 3 des Gesetzes vom 02.10.2015 geändert worden ist, eine Förderzusage durch schriftlichen Verwaltungsakt erteilt wurde, und
2. die sich aus der Förderzusage ergebenden Bestimmungen im Sinne des § 13 Abs. 2 WoFG für jeden Erhebungszeitraum innerhalb des Hauptveranlagungszeitraums eingehalten werden.

Für nach Wohnraumförderungsgesetzen der Länder geförderte Grundstücke gilt dies entsprechend.

Auch für Wohnungsbaugesellschaften ist die Grundsteuervergünstigung, also der Abschlag von **25 Prozent**, möglich.

Dazu ist vorauszusetzen, dass das jeweilige Grundstück

1. einer Wohnungsbaugesellschaft zugerechnet wird, deren Anteile mehrheitlich von einer oder mehreren Gebietskörperschaften gehalten werden und zwischen der Wohnungsbaugesellschaft und der Gebietskörperschaft oder den Gebietskörperschaften ein Gewinnabführungsvertrag besteht, oder
2. einer Wohnungsbaugesellschaft zugerechnet wird, die als gemeinnützig anerkannt ist; oder

3. einer Genossenschaft oder einem Verein zugerechnet wird, die bzw. der ihre bzw. seine Geschäftstätigkeit auf bestimmte im Körperschaftsteuergesetz genannte Bereiche beschränkt und von der Körperschaftsteuer befreit ist.

**Hinweis:**

Den Abschlag erhalten Sie nur auf Antrag!

Der Abschlag auf die Steuermesszahl ist **nur auf Antrag** möglich. Dabei müssen Sie für jeden Erhebungszeitraum, also für jedes Kalenderjahr, innerhalb des Hauptveranlagungszeitraums nachweisen, dass die jeweiligen Voraussetzungen am Hauptveranlagungsstichtag vorlagen.

**Wichtig:** Entfallen die Voraussetzungen während des Hauptveranlagungszeitraums, müssen Sie dies unaufgefordert beim Finanzamt anzeigen.

## Neu: 10 Prozent Ermäßigung für Baudenkmäler

Auch Baudenkmäler werden gefördert. Die Steuermesszahl wird für bebaute Grundstücke um **10 Prozent ermäßigt**, wenn sich auf dem Grundstück Gebäude befinden, die Baudenkmäler im Sinne des jeweiligen Landesdenkmalschutzgesetzes sind.

Stehen auf einem Grundstück nur ein Teil der Gebäude oder nur Teile eines Gebäudes im Sinne des jeweiligen Landesdenkmalschutzgesetzes unter Denkmalschutz, ist die Ermäßigung der Steuermesszahl entsprechend anteilig zu gewähren.

**Hinweis:**

Sie müssen den Wegfall der Voraussetzungen für die ermäßigte Steuermesszahl beim Finanzamt anzeigen. Die Anzeige ist innerhalb von drei Monaten nach dem Wegfall der Voraussetzungen bei dem Finanzamt zu erstatten, das für die Festsetzung des Steuermessbetrags zuständig ist.

## Baulandmobilisierung – Grundsteuer C

Der Gesetzgeber hat einen weiteren Schritt gewagt, der bisher nicht vorgesehen war. Künftig haben die Kommunen die Option, zur Baulandmobilisierung eine sogenannte „Grundsteuer C" zu erheben. Somit gibt es künftig neben der „Grundsteuer A" für Betriebe der Land- und Forstwirtschaft und der „Grundsteuer B" für Grundstücke des Grundvermögens eine neue „Grundsteuer C" für baureife Grundstücke.

Derzeit ist fraglich, ob und wie oft die Kommunen von dieser Option Gebrauch machen werden. Bekanntlich ist es ein alter Streit, ob die weitere Versiegelung von Flächen verhindert oder Bauland mobilisiert werden soll. Diese Kontroversen müssen zunächst auf kommunaler Ebene ausdiskutiert sein. Erst anschließend wird der Weg für die Grundsteuer C offen sein.

Aber auch dann gibt es noch Tücken, die auf kommunaler Ebene gelöst werden müssen. Denn die Kommune muss die Bereiche genau bestimmen, für die die Baulandsteuer gelten soll.

Nach der Neuregelung der Grundsteuer C kann die Gemeinde aus städtebaulichen Gründen baureife Grundstücke als besondere Grundstücksgruppe innerhalb der unbebauten Grundstücke bestimmen und für die Grundstücksgruppe der baureifen Grundstücke einen gesonderten Hebesatz festsetzen.

Baureife Grundstücke sind unbebaute Grundstücke, die nach

- Lage,
- Form,
- Größe und
- ihrem sonstigen tatsächlichen Zustand sowie nach
- öffentlich-rechtlichen Vorschriften

sofort bebaut werden könnten.

Egal ist dabei, ob eine Baugenehmigung erforderlich ist, die aber noch nicht erteilt wurde. Ebenso unerheblich sind zivilrechtliche Gründe, die einer sofortigen Bebauung entgegenstehen.



Als städtebauliche Gründe kommen insbesondere in Betracht:

- die Deckung eines erhöhten Bedarfs an Wohn- und Arbeitsstätten
- der Gemeinbedarf und Folgeeinrichtungen

- die Nachverdichtung bestehender Siedlungsstrukturen
- die Stärkung der Innenentwicklung

Die Gemeinde hat den gesonderten Hebesatz auf einen bestimmten Gemeindeteil zu beschränken, wenn nur für diesen Gemeindeteil die städtebaulichen Gründe vorliegen.

Dieser Gemeindeteil muss mindestens 10 Prozent des gesamten Gemeindegebiets umfassen, in welchem zudem mehrere baureife Grundstücke belegen sein müssen.

Die genaue Bezeichnung der baureifen Grundstücke, deren Lage sowie das Gemeindegebiet, auf das sich der gesonderte Hebesatz bezieht,

- sind jeweils nach den Verhältnissen zu Beginn eines Kalenderjahres von der Gemeinde zu bestimmen,
- in einer Karte nachzuweisen und
- im Wege einer Allgemeinverfügung öffentlich bekannt zu geben.

In der Allgemeinverfügung sind

- die städtebaulichen Erwägungen nachvollziehbar darzulegen und
- die Wahl des Gemeindegebiets, auf das sich der gesonderte Hebesatz beziehen soll, zu begründen.

Hat eine Gemeinde die Grundstücksgruppe baureifer Grundstücke bestimmt und für diese Grundstücksgruppe einen gesonderten Hebesatz festgesetzt, muss dieser Hebesatz für alle in der Gemeinde oder dem Gemeindeteil liegenden baureifen Grundstücke einheitlich und höher als der einheitliche Hebesatz für die übrigen in der Gemeinde liegenden Grundstücke sein.

**Hinweis:**

Die Kommune muss einen erheblichen Aufwand treiben, um die Grundsteuer C rechtssicher auszugestalten.

# Berechnungsbeispiele

## Hinweis zu den Berechnungsbeispielen

Nutzen Sie das Beispiel, um den künftigen Grundsteuerwert für Ihre Immobilie zu berechnen. Wenn Sie den Grundsteuerwert mit der neuen Grundsteuermesszahl von 0,34 Promille für Nichtwohngrundstücke bzw. 0,31 Promille für Wohngrundstücke multiplizieren, erhalten Sie den Grundsteuermessbetrag. Vergleichen Sie den neuen Grundsteuermessbetrag mit dem bisherigen Grundsteuermessbetrag. Das Finanzamt hat Ihnen als Eigentümer über den bisherigen Grundsteuermessbetrag auf der Grundlage der derzeit noch geltenden Einheitswerte einen Bescheid erteilt.

Anschließend können Sie berechnen, ob Sie zu den Gewinnern oder Verlierern der Reform gehören, indem Sie den Grundsteuermessbetrag mit dem aktuell geltenden Hebesatz der Kommune multiplizieren. Das gilt selbstverständlich nur unter der Annahme, dass die Kommune den Hebesatz unverändert lässt.

**Beispiel 1:**

| | | |
|---|---|---|
| Der neue Grundsteuerwert eines Geschäftsgrundstücks beträgt: | | 500.000 EUR |
| Der neue Grundsteuermessbetrag beläuft sich somit auf 500.000 EUR x 0,34 | = | 170 EUR |
| Der derzeit noch aktuelle Grundsteuermessbetrag beläuft sich nach dem Bescheid des Finanzamts auf: | | 120 EUR |
| Differenz des alten zum neuen Grundsteuermessbetrags: | | + 50 EUR |
| Bei einem Hebesatz von z. B. 700 % zahlen Sie künftig eine **höhere** Grundsteuer von 700 % x 50 Euro = | | 350 EUR |

11

**Beispiel 2:**

| | | |
|---|---|---|
| Der neue Grundsteuerwert eines Geschäftsgrundstücks beträgt: | | 1.500.000 EUR |
| Der neue Grundsteuermessbetrag beläuft sich somit auf 1.500.000 EUR x 0,34 ‰ | = | 510 EUR |
| Der derzeit noch aktuelle Grundsteuermessbetrag beläuft sich nach dem Bescheid des Finanzamts auf: | | 700 EUR |
| Differenz des alten zum neuen Grundsteuermessbetrags | | – 190 EUR |
| Bei einem Hebesatz von z. B. 500 % zahlen Sie künftig eine **niedrigere** Grundsteuer von 500 % x 190 EUR | = | 950 EUR |

## Einfamilienhaus – Stadtstr. 3

### Sachverhalt

Grundstücksfläche: 500 m²
Bodenrichtwert: 200 EUR/m²
Baujahr: 2018
Wohnfläche: 150 m²
Anzahl Garagen: 2
Mietstufe: 3

### Berechnung des Grundsteuerwerts

| Ermittlung des Rohertrags bei Ein-/Zweifamilienhäusern und Wohnungseigentum | |
|---|---|
| **Listenmiete bei einer Wohnfläche von 100 m² und mehr** | 6,88 EUR/m² |
| Wohnfläche | 150 m² |
| Anpassung Mietniveau Stufe 3, also Ansatz mit 100 % | |
| Nettokaltmiete | 6,88 EUR/m² |
| Rohertrag des Einfamilienhauses | **12.384 EUR** |
| Rohertrag der Garagen | 840 EUR |
| Summe Rohertrag | 13.224 EUR |

| Ermittlung des Rohertrags bei Ein-/Zweifamilienhäusern und Wohnungseigentum | |
|---|---|
| **Berechnung des Reinertrags** | |
| Rohertrag | 13.224 EUR |
| Gesamtnutzungsdauer | 80 Jahre |
| Alter des Gebäudes (2022–2018 = 4 Jahre)<br>Restnutzungsdauer | 76 Jahre |
| Mindestrestnutzungsdauer | 24 Jahre |
| Ansatz Restnutzungsdauer | 76 Jahre |
| Bewirtschaftungskosten Pauschalsatz | 18 % |
| Ansatz Bewirtschaftungskosten<br>(Pauschalsatz x Rohertrag) | 2.381 EUR |
| Reinertrag | 10.843 EUR |
| **Berechnung des abgezinsten Bodenwerts** | |
| Liegenschaftszinssatz | 2,50 % |
| Vervielfältiger | 33,88 |
| Barwert des Reinertrags | 367.360 EUR |
| Bodenrichtwert | 200 EUR/m² |
| Restnutzungsdauer | 76 Jahre |
| Abzinsungsfaktor | 0,1531 |
| Grundstücksfläche | 500 m² |
| Abgezinster Bodenwert | 15.310 EUR |
| **Berechnung des Grundsteuerwerts** | |
| Barwert des Reinertrags aller Gebäude | 367.360 EUR |
| Abgezinster Bodenwert | 15.310 EUR |
| Summe | 382.670 EUR |
| Mindestwert | 75.000 EUR |
| **Grundsteuerwert (abgerundet)** | **382.600 EUR** |

# Geschäftsgrundstück – Büro

## Sachverhalt

Grundstücksfläche: 1.500 m²
Bodenrichtwert: 300 EUR/m²
Baujahr: 2003
Brutto-Grundfläche: 1.000 m²

## Grundsteuerberechnung

| **Berechnung des Gebäudenormalherstellungswerts** | |
|---|---|
| Brutto-Grundfläche (BGF) | 1.000 m² |
| Normalherstellungskosten | **1.071 EUR/m²** (BGF) |
| Anpassungsfaktor Baupreisindex | 148,6 |
| Gebäudenormalherstellungswert | 1.591.506 EUR |
| **Berechnung des vorläufigen Gebäudesachwerts** | |
| Alter des Gebäudeteils | 19 Jahre |
| Gesamtnutzungsdauer des Gebäudeteils | 60 Jahre |
| Alterswertminderung | 32 % |
| Max. Alterswertminderung | 70 % |
| Alterswertminderung | 503.977 EUR |
| Vorläufiger Gebäudesachwert je Gebäudeteil | 1.087.529 EUR |
| **Berechnung des Bodenwerts** | |
| Grundstücksfläche | 1.500 m² |
| Bodenrichtwert | 300 EUR/m² |
| Bodenwert | 450.000 EUR |
| **Berechnung des Grundsteuerwerts** | |
| Vorläufiger Grundstückssachwert | 1.537.529 EUR |
| Wertzahl | 0,7 |
| **Grundsteuerwert (nicht abgerundet)** | **1.076.200 EUR** |

# Stichwortverzeichnis